지식의 사슬 | 한국사 시간에 **세계사** 공부하기

초판 1쇄 인쇄 2007년 4월 11일
증보판 1쇄 발행 2024년 6월 24일
증보판 2쇄 발행 2024년 10월 4일

기획 | 강응천 글쓴이 | 김정 그린이 | 강경수, 황문석
발행인 | 이봉주 콘텐츠개발본부장 | 안경숙 편집인 | 이화정 편집주간 | 김상미
편집 | 북스튜디오 토리 디자인 | 윤재웅 마케팅 | 정지운, 박현아, 원숙영, 김지윤, 황지영 제작 | 신홍섭

펴낸곳 | (주)웅진씽크빅
주소 | 경기도 파주시 회동길 20 (우)10881
문의전화 | (031)956-7523(편집), (031)956-7569, 7570(마케팅)
홈페이지 | www.wjjunior.co.kr 블로그 | blog.naver.com/wj_junior
페이스북 | facebook.com/wjbook 트위터 | @new_wjjr 인스타그램 | @woongjin_junior
출판신고 | 1980년 3월 29일 제 406-2007-00046호 제조국 | 대한민국 사용 연령 | 7세 이상

ⓒ 김정, 2007

ISBN 978-89-01-28343-2 44080 · ISBN 978-89-01-06526-7 44080(세트)

＊잘못 만들어진 책은 바꾸어 드립니다.
※주의 1. 책 모서리가 날카로워 다칠 수 있으니 사람을 향해 던지거나 떨어뜨리지 마십시오.
    2. 보관 시 직사광선이나 습기 찬 곳은 피해 주십시오.

한국사 시간에 세계사 공부하기

김정 지음

웅진주니어

〈지 식 의 사 슬〉 시 리 즈 를
시 작 하 며

　　우리는 하나의 우주, 하나의 세계 속에서 살아간다. 원자와 유전자로 이루어진 '자연과학적' 세계와 인간과 사회로 이루어진 '인문학적' 세계가 따로 있는 것이 아니다. 우리나라 역사가 이 세계로부터 뚝 떨어진 별세계에서 발전해 온 것도 아니다.

　　그러나 우리는 학교와 사회에서 과학과 사회를 따로 배우고 한국사와 세계사를 따로 배운다. 삶을 이루는 여러 분야를 뜯어 놓고 각각의 체계에 따라 지식을 습득한다. 거기까지는 좋다. 문제는 그 지식들을 우리 삶의 실제 모습에 맞게 통합하여 인식할 때에야 온전한 지식을 얻었다고 할 수 있다는 것이다.

　　물론 이 세상은 각 분야의 유능한 전문가들을 원한다. 어떤 한 가지 지식을 확실히 갖추지 못한 채 통합적 지식만 운운하는 사람은 아무것도 제대로 알지 못하는 사람이기 쉽다. 그러나 어느 한 분야의 뛰어난 전문가가 되려면 그 분야와 연관되어 있는 여러 분야의 지식과 소양을 갖추고 있어야 한다.

　　현대는 그 어느 때보다도 여러 나라, 여러 분야의 삶이 얽혀 있는 시대다. 그래서 더욱 통합적 지식이 필요하다는 말을 많이 한다. 그러나 실제로 우리가 온전한 교양인으로 성장할 수 있는 기회는 그리 많지 않다.

　　〈지식의 사슬〉 시리즈는 사슬처럼 얽혀 있는 여러 지식의 연결 고리를 찾아보려는 시도이다. 이 시리즈를 통해 독자들이 한국사와 세계사, 과학과 사회, 지리와 역사 등이 각각 둘이 아니라 하나임을 알게 된다면 좋겠다. 그리고 이 시리즈가 작은 디딤돌이 되어 우리 모두가 통합적 교양을 쌓을 수 있는 기회가 늘어나기를 바라며 그 첫 번째 성과물을 독자 앞에 내놓는다.

2007년 4월 강응천

들어가는 말

2007년, 『국사 시간에 세계사 공부하기』를 출간했습니다. 한국사와 세계사를 엮은, 그동안 없었던 새로운 시도였고 지금까지도 꾸준히 중쇄를 찍으며 독자들의 분에 넘치는 사랑을 받아 왔습니다. 다시 한번 감사드립니다.

『국사 시간에 세계사 공부하기』가 출간된 지 어느덧 17년이 흘렀고, 역사 학계에서는 많은 연구가 진행되어 적지 않은 역사적 사실이 수정되었습니다. 예를 들어 최초의 인류인 오스트랄로피테쿠스의 출현이 300만 년 전에서 400만 년 전으로 앞당겨졌습니다. 역사 용어도 많이 변경되었습니다. '몽고'가 '몽골'로, '소승불교'가 '상좌부불교'로 바뀐 것이 대표적입니다. 이러한 점들을 반영하여 이번 증보판에서 역사적 사실과 용어들을 대폭 수정했습니다.

가장 중점적으로 수정한 부분은 '근대로의 이행'입니다. 왜 18세기 말까지 압도적으로 세계 최강국이었던 중국이 몰락하고, 어떻게 영국, 프랑스를 비롯한 서양 세력이 세계사를 주도하게 되었는지에 대해 더 명확하게 설명했습니다. 영조와 정조 시대에 다시 부흥기를 맞았던 조선이 몰락하고 일본이 제국주의 국가로 떠오른 원인에 대해서도 체계적으로 서술했습니다. 그리고 2000년대 후반 이후의 역사를 덧붙여 '세계사 속의 한국사'를 더욱 선명하게 이해할 수 있도록 하였습니다.

이 책을 통해 독자들이 '우물 안 개구리'의 역사 인식에서 벗어나 세계사 속에서 한국사를 객관적으로 볼 수 있기를 바랍니다.

2024년 6월 김정

차례

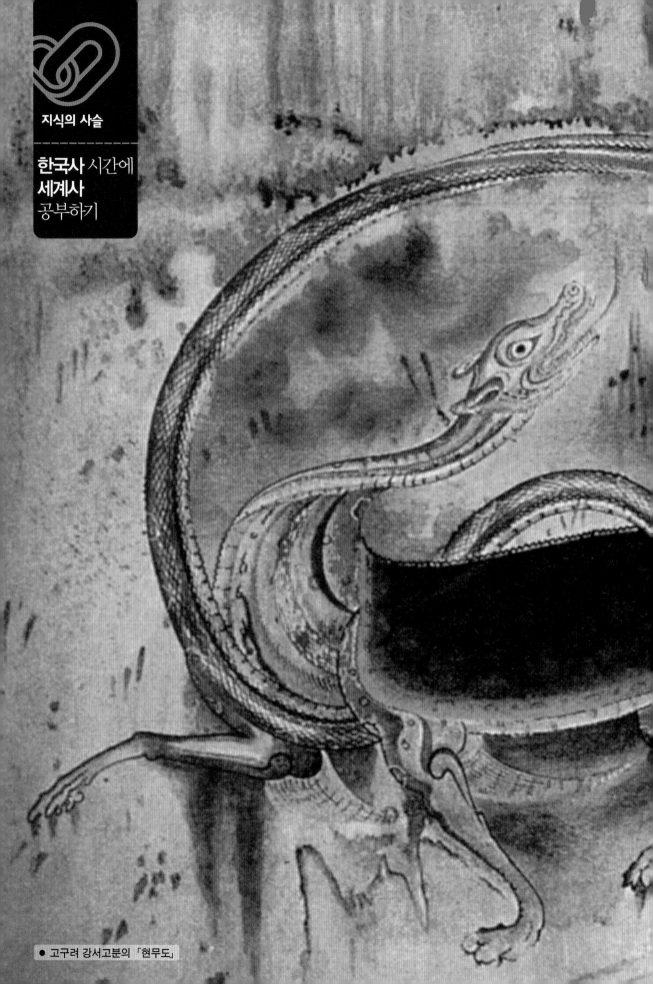

지식의 사슬

한국사 시간에
세계사
공부하기

● 고구려 강서고분의 「현무도」

1부

한국사의 출발과 고대 세계

인류가 지구 위에 처음 출현한 시기는 지금으로부터 약 400만 년
전이다. 돌을 도구로 사용하던 인류는 청동기를 사용하면서 계급 사회
로 접어들었다. 이때 비로소 4대 문명이 발생했다. 우리 역사에서는
세계 4대 문명보다 조금 늦게 고조선이라는 최초의 국가가 출현했고
이후 삼국 시대가 이어졌다.

01

국가의 탄생

고인돌과 피라미드

고인돌과 피라미드는 크기도 다르고 만들어진 시기도 다르다. 그러나 둘은 역사적으로 중요한 공통점이 있다. 돌로 만들어진 지배자의 무덤이라는 것이다. 고인돌과 피라미드는 인류 사회가 모든 사람이 평등한 원시 공동체에서 지배자가 있고 지배받는 자가 있는 계급 사회로 넘어갔음을 상징한다. 이 계급 사회를 관리하고 통치하는 기구가 탄생했으니, 그것이 바로 국가였다.

▲ **고대 이집트의 왕 파라오와 고조선의 왕 단군**

배경 사진 이집트 기자의 피라미드_ 나일강 부근에 모여 있는 고왕국 파라오의 무덤. '세모꼴 빵'이라는 뜻의 피라미드는 그리스어이고 이집트에서는 '메르'라고 한다.

▲ **남방식 고인돌**
한반도 중부 이남 지역의 고인돌은 지하에 묘실을 만들고 그 위에 돌을 괴는 바둑판식이 많다.

이야기를 고인돌에서 시작해 보자. 우리 땅 곳곳에서 쉽게 발견할 수 있는 고인돌은 언제 만들어졌을까? 돌이니까 석기 시대라고? 유감스럽지만 우리나라 고인돌은 그렇게 먼 옛날까지 거슬러 올라가지 않는다. 몇만 년 전의 석기 시대가 아니라 기껏해야 기원전 2000~1500년 무렵, 청동기 시대에 만들어졌다.

고인돌은 청동기 시대의 무덤이었다. 큰 고인돌은 무게가 수십 톤이나 된다. 이것을 옮기려면 사람이 몇백 명은 필요했다. 그 큰 돌을 끙끙대면서 옮긴 이유는 무덤에 묻히게 될 주인을 추모하기 위해서다. 그러니 아무나 거대한 무덤을 가질 수는 없는 노릇. 아주 특별한 사람만이 이처럼 수많은 사람이 함께 만들어 준 고인돌 아래에 묻힐 수 있었다.

그렇다면 이 시대의 특별한 사람이란 어떤 사람이었을까? 석기 시대에는 없었고 청동기 시대에 들어와서야 생겨난 사람, 바로 지배자였다. 역사상 최초로 등장한 이 지배자를 군장이라고 한다. 청동기 시대의 지배자인 군장은 각자 조그만 영토를 다스렸다. 이후 세력이 비슷한 군장들이 모여 서로 돌아가면서 왕 노릇을 했다. 이 단계를 연맹 왕국이라고 한다. 이처럼 청동기 시대에는 사람들이 지배자와 피지배자로 나뉘었다. 그것은 곧 이전의 석기 시대에는 모든 사람이 평등했다는 뜻이다.

● **군 장**
족장이라고도 한다. 이들 중에서 강한 족장은 주변의 여러 족장 사회를 통합하면서 점차 권력을 강화해 갔다.

석기 시대는 구석기 시대와 신석기 시대로 나뉜다. 구석기 시대에는 채집과 사냥으로만 먹고살다가, 신석기 시대에 들어와서는 농사도 짓기 시작했다. 채집을 하든 농사를 짓든 석기 시대에는 모든 사람이 다 같이 일을 했다.

▶ **북방식 고인돌**
한반도 중부 이북 지역 고인돌은 판석을 세워 묘실을 만들고 그 위에 거대하고 편평한 덮개돌을 얹은 탁자식 고인돌이 많다.

▲ **신석기 시대 빗살무늬 토기 / 신석기 시대 번개무늬 토기**
신석기 시대에 식량을 저장하기 위해 만든 토기. 밑바닥이 뾰족하거나
둥글고 토기 표면에 무늬가 새겨져 있다.

▲ **청동기 시대 민무늬 토기**
밑바닥은 납작한 화분형이나 좁은 팽이형이 많고 토기 표면에
무늬가 없는 것이 대부분이다.

이런 상황을 한번 상상해 보자. 신석기 시대의 어느 으스스한 날, 어떤 힘센 집단이 약한 집단을 제압해서 노예로 만들려고 시도했다고 말이다. 그러나 실제로 노예로 만들 수는 없었을 것이다. 그때는 생산력이 아주 낮아서 노예의 노동으로 생산하는 곡식의 양보다 노예가 일하는 동안 먹는 곡식의 양이 더 많았을 테니 말이다. 노예를 부려 보아야 적자가 날 뿐인데 누가 다른 사람을 노예로 삼겠는가? 그보다는 모두 함께 힘써 일하고 얼마 안 되는 곡식이나마 사이좋게 나누어 먹는 편이 훨씬 나았을 것이다.

청동기 시대가 되어 생산력이 발전하자 상황이 달라졌다. 다른 사람들을 잡아다가 노예로 부리면, 그 노예들이 먹고도 남을 만큼 많은 곡식을 수확할 수 있었다. 그렇게 해서 남는 곡식은 노예의 주인이 고스란히 가져갔고, 그 결과 인류는 지배자와 피지배자로 나뉘게 되었다.

어느 사회든지 지배자보다 피지배자가 훨씬 많다. 지배자는 10퍼센트도 채 안 되고 피지배자는 90퍼센트가 넘는다. 사람 수가 훨씬 많은 피지배자가 반란을 일으킨다면 지배자에게는 큰일이 아닐 수 없었다. 그래서 지배자는 피지배자가 딴마음을 먹지 못하게 겁을 주려고 여러 가지 방법을 궁리했다.

그중 하나가 선민사상이다. 지배자는 신이 선택한 특별한 사람이고 피지배자는

태어날 때부터 천한 사람이라는 사상이다. 만약 피지배자가 이 말을 믿는다면 자기가 생산한 곡식을 지배자가 빼앗아 가도 전혀 이상하게 생각하지 않을 것이고, 감히 지배자에게 대들 엄두도 내지 못했을 것이다.

고인돌은 바로 이러한 선민사상을 사람들 눈앞에 직접 보여 주는 상징물이었다. 고인돌은 "나는 고귀한 신분이니까 죽어서도 너희 피지배자와는 다르다."라며 피지배자의 기를 죽였다. 하지만 지배자는 이것만으로 안심할 수 없었다. 이런 겁주기가 통하지 않는 사람들이 늘 있었기 때문이다. 그래서 지배 계급은 사회를 통치하고 질서를 유지하기 위해 법을 만들고 군대와 경찰을 조직했다. 또 행정 조직을 꾸려 벼슬아치들이 공공의 일을 맡아보게 했다. 이와 같이 법, 군대, 관료 등으로 사회를 통치하고 관리하는 조직이 바로 국가다.

그렇다면 우리 역사상 최초의 국가는 언제 세워졌을까? 고려 시대 말기에 나온 『삼국유사』라는 책에는 단군 할아버지가 기원전 2333년에 고조선을 세웠다고 기록되어 있다. 그런데 이 기록이 사실인지에 대해서는 논란이 있다.

지배자와 지배받는 자가 나뉘고 국가가 생겨나는 것은 청동기 시대의 현상이다. 지금까지 발굴된 고고학 자료에 따르면 한반도, 만주 지역의 청동기 시대는 기원전 2000~1500년쯤 시작되었다. 그렇다면 기원전 2333년은 아직 신석기 시대였다는 말이다.

신석기 시대에는 계급도 국가도 생겨날 수 없었다. 따라서 우리나라의 청동기 시대를 앞당기는 고고학적 발견이 이루어져야, 우리나라 최초의 국가가 기록대로 기원전 2333년에 세워졌다고 확신할 수 있다.

그렇다면 세계 다른 곳에서는 어땠을까? 석기 시대를 지나 청동기 시대에 이르러 사람들 사이에 계급 구분

▲ 햇살무늬 청동 방울

▲ 종방울과 장대 끝 방울

▲ 가지 방울

▶ 군장의 차림새
가슴과 허리춤에 청동 거울과 청동 방울을 달았다. 하늘에 제사를 지내는 지배자는 태양 빛을 받아 빛이 나고 그가 가는 곳마다 신비한 방울 소리가 울려 퍼졌을 것이다.

이 생기고 국가가 탄생하는 과정은 어느 곳이나 다 똑같았을까? 눈을 돌려 넓은 세계로 나가 보자.

국가의 탄생 – 세계에서는

여기는 세계에서 맨 먼저 문명이 일어난 곳 가운데 하나인 이집트다. 문명이란 사람들이 원시 사회를 벗어나 도시와 국가를 이루어 사는 상태를 말한다. 고조선 사회처럼 말이다. 이집트의 지배자 파라오의 무덤인 피라미드와 그 무덤을 지키는 스핑크스는 이집트 문명의 상징이다.

그런데 최초의 피라미드는 기원전 2600년 무렵에 세워졌다. 『삼국유사』에서 고조선이 세워졌다고 한 기원전 2333년보다 더 옛날이다. 그때 우리나라는 신석기 시대였는데 이집트는 신석기 시대에 벌써 문명이 시작되었던 것일까? 아니면 이집트에서는 우리나라보다 훨씬 더 빨리 신석기 시대가 막을 내렸던 것일까? 이제 그 궁금증을 풀어 보자.

지구 위에 출현한 최초의 인류는 약 400만 년 전의 오스트랄로피테쿠스였다. 돌을 가공하여 도구로 사용한 인류는 기나긴 구석기 시대를 거쳐 기원전 8000년 무렵 드디어 신석기 시대에 접어들었다. 우리나라 신석기 시대의 시작도 그즈음이었다. 그러니까 우리나라는 세계의 여러 곳과 같은 시기에 신석기 시대로 진입한 것이다.

신석기 시대에는 농경과 목축 생활이 시작되었고, 이는 인류의 삶에 혁명적인 변화를 가져왔다. 이 시기에 이르러 인류는 자연을 있는 그대로만 이용하던 구석기 시대 생활에서 한 단계 올라선 것이다. 이제 인간은 스스로 땅에 씨를 뿌리고는 그 곡식이 익어 가기를 기다렸고, 들짐승을 가축으로 길들이기 시작했다. 즉 먹을 것을 찾아 여기저기 옮겨 다니지 않고 한곳에 터를 잡아 집을 짓고 살게 되었다.

정착 생활을 시작하자 인구가 늘어나고 마을이 생겨났다. 그러나 이것만 가지고는 문명이 시작되었다고 하지 않는다. 사회 전체를 관리하고 문자, 상거래, 학문 등을 다루는 계급이 나타나야 비로소 문명 사회가 시작된다. 그때 비로소 도시가 나타나고 국가가 출현하는 것이다.

▲ 피라미드를 지키는 스핑크스
가장 크고 오래된 것으로 알려진 카프레왕 피라미드의 스핑크스.(기원전 2650년경으로 추정) 전체 길이 약 70미터, 높이 약 20미터, 폭 약 4미터.

◀ 도시 국가 우르의 신전, 지구라트(기원전 21세기)

상나라(기원전 17~11세기)의 황금 가면 ▶

메소포타미아

중국

이집트

인더스

▲ 모헨조다로 도시 유적(기원전 26~18세기)의 공중목욕탕

▲ 투탕카멘왕의 황금 가면(기원전 14세기)

세계에서 가장 오래된 문명은 네 곳에서 일어났다. 세계 4대 문명이라고 불리는 이들 문명은 중국, 인도, 서아시아(메소포타미아), 이집트에서 출현했다. 세계의 다른 지역이 아니라 이 네 곳에서 문명이 맨 먼저 발생한 비밀은 바로 큰 강에 있다.

중국의 황하, 인도의 인더스강, 메소포타미아의 티그리스강·유프라테스강, 이집트의 나일강이 이들 문명의 젖줄이었다. 강 주변은 땅이 기름졌을 뿐만 아니라 강물을 이용하여 물 대기가 쉬웠다. 따라서 사람들이 많이 모여 사는 강가 마을은 점차 도시로 발전했다. 무기를 휘두르는 정복자들은 여러 마을과 도시를 빼앗고 그곳 주민들을 노예로 삼았다. 이러한 정복 활동으로 영토가 늘어나고 권력이 강해지면서 도시 국가가 생겨났다.

세계에서 맨 먼저 청동기를 사용한 사람들은 기원전 3500년 무렵의 메소포타미아 지역 주민이었다. 우리나라의 청동기 시대가 기원전 2000~1500년경에 시작되었다고 보면 이들은 우리보다 1,500년이나 앞섰다. 신석기 시대는 비슷하게 시작했는데, 문명으로

● 메 소 포 타 미 아
지금의 이라크에 해당하는 메소포타미아는 '두 강의 사이'라는 뜻의 그리스어이고 현지에서는 '자지라'라고 부른다.

들어가는 속도는 우리보다 그곳이 더 빨랐다는 이야기다.

대다수가 돌만 가지고 있는데 누군가 빛나는 청동으로 만든 거울을 번쩍거린다면 얼마나 신비로워 보였을까? 청동 거울로 햇빛을 반사시키면 마치 신의 능력을 가진 사람처럼 대접받았을 것이다. 그래서 이들은 신의 뜻을 받들어 인간을 다스리는 존재로 자신을 신격화할 수 있었다. 이들은 도시 국가에서 제사와 정치를 담당하면서 사람들을 지배했다. 또 자신의 지배를 유지하기 위해 신전과 궁전을 건립했다. 세금을 내는 백성들의 숫자가 많아지고 상업 거래가 활발해지자 이를 기록하기 위해 문자도 만들었다. 메소포타미아 문명은 이렇게 해서 생겨났다.

거대한 피라미드와 스핑크스는 당시 이집트 문명이 상당히 발달했다는 것, 그곳 지배자의 권력이 아주 강했다는 것을 알려 준다. 그들은 고인돌을 만든 지배자와는 비교할 수 없을 정도로 강했다.

피라미드는 고인돌보다 먼저 만들어졌지만 더 발전된 모습을 하고 있다. 이집트가 우리나라보다 먼저 국가를 이루었기 때문이다. 그렇다고 기분 나빠할 일은 아니다. 시간에 차이가 있을 뿐, 우리나라도 세계사의 흐름에 맞추어 문명 사회로 진입했으니 말이다. 우리나라 곳곳에 우뚝 서 있는 고인돌이 바로 그 증거다.

한국사 ➡

역사는
한국에서, 세계에서
흐른다

세계사 ➡

기원전 70만 년
주먹도끼, 슴베찌르개, 잔석기 사용

〈구석기 시대 시작〉

기원전 400만 년
최초의 인류인 오스트랄로피테쿠스 출현

〈구석기 시대 시작〉

기원전 50만 년
호모 에렉투스
(베이징인) 출현

기원전 20만 년
호모 사피엔스
(네안데르탈인) 출현

● 중국 문명의 발상지 황하

기원전 8000년	기원전 2000~1500년경
농경과 목축	계급과 국가의 출현
〈신석기 시대 시작〉	〈청동기 시대 시작〉

기원전 4~3만 년	기원전 8000년	기원전 3500년경	기원전 3000년경
호모 사피엔스 사피엔스 (크로마뇽인) 출현	농경과 목축	세계 최초의 메소포타미아 문명 시작 이후 이집트, 인더스, 중국 문명 시작	
	〈신석기 시대 시작〉	〈청동기 시대 시작〉	〈중국, 청동기 시대 시작〉

02

'동북아시아의 강국' 고조선과 '중화 제국' 한나라

4대 문명이 출현한 뒤 세계는 각 지역별로 질서를 갖추어 갔다. 로마와 이란, 인도 등이 질서의 중심을 이루었고, 고조선이 자리 잡은 동아시아에서는 중국을 통일한 한나라가 그 역할을 했다. 고조선은 한나라와 갈등을 빚으며 동북아시아에서 독자적인 세력을 이루기 위해 노력했다.

▲ 고조선의 우거왕과 한나라의 무제

배경 사진 중국의 만리장성_ 북방 민족의 침입을 막기 위해 동서로 쌓은 성벽. 진나라 때 하나로 연결된 이후 오랜 세월에 걸쳐 보수와 개축을 거듭했다. 길이 약 2,700킬로미터.

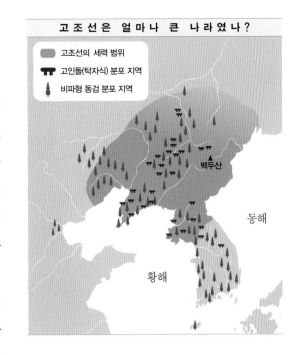

고조선은 얼마나 큰 나라였나?

- 고조선의 세력 범위
- 고인돌(탁자식) 분포 지역
- 비파형 동검 분포 지역

백두산

동해

황해

오른쪽 지도를 보자. 우리나라 최초의 국가인 고조선이 다스린 지역이다. 물론 기록이 없어 고조선의 국경선이 어디까지였는지 정확히는 알 수 없다. 그러면 역사학자들은 어떻게 고조선의 영역을 추측할까? 바로 땅에 묻혀 있는 유물을 통해서다. 고조선 사람들이 사용했던 비파형 동검이나 북방식 고인돌, 미송리식 토기가 발견되는 곳이 고조선의 영토였다고 짐작하는 식이다.

지도를 보면 고조선은 중국 요령 지역부터 만주와 한반도 북부 지역에 걸쳐 있다. 영토가 상당히 넓다. 그렇게 넓은 영토를 가졌으면 꽤 많은 사람이 다양한 삶을 이어 갔을 텐데, 아쉽게도 고조선 사람들이 어떻게 살았는지를 알려 주는 기록은 거의 남아 있지 않다. 중국에 남아 있는 몇몇 기록을 통해 살짝 엿볼 수 있을 정도다. 그에 따르면 고조선에도 왕이 있었다. 부왕이나 준왕이라는 왕들의 이름이 나온다. 또한 이들 고조선 왕은 세력이 강해서 왕 자리를 후손에게 물려주기까지 했다.

고조선 사람들의 생활은 이 나라의 법률이었던 '8조법'을 통해서 알 수 있다. 그러나 안타깝게도 지금은 3개 조항만 남아 있다.

"사람을 죽인 자는 즉시 죽인다."

"남을 다치게 한 사람은 곡식으로 보상한다."

"도둑질한 자는 노비로 삼는다."

이로부터 우리는 몇 가지 사실을 알 수 있다. 남을 다치게 하면 왜 곡식으로 갚게 했을까? 부상을 당한 사람은 일을 할 수 없으니 그 대가로 곡식을 주었을 것이다. 그런데 곡식으로 보상한다는 말은 개인이 소유한 곡식이 있었다는 뜻이다. 따라서 우리는 고조선에 개인이 따로 소유한 곡식, 즉 사유 재산이 있었다는 사실을 짐작할 수 있다.

도둑질한 자는 노비로 삼았다는 조항에서도 사유 재산이 있었다는 것을 다시 한번 확인할 수 있다. 도둑질이란 남의 사유 재산을 훔치는 행위니 말이다. 그리고 노비로 삼았다는 항목을 보면 고조선 사회에 계급이 있었음을 알 수 있다. 즉 사람들 사이에 다스

리는 사람과 다스림을 받는 사람이 구별되어 있었던 것이다.

신석기 시대까지는 모두가 평등했고 재산을 공동으로 소유했다. 그런데 청동기 시대 들어 생산력이 발달하면서 먹고도 남는 생산물이 생겼다. 남은 생산물을 빼앗는 사람은 귀족 같은 지배 계급이 되었고, 빼앗기는 사람은 노비와 같이 지배받는 계급이 되었다.

청동기 문화를 바탕으로 성립한 고조선은 기원전 5세기부터 철기 문화를 받아들였다. 특히 기원전 194년에 위만이 고조선의 왕이 되면서부터 철기 문화가 본격적으로 전래되었다. 당시 고조선의 수공업과 상업은 상당한 수준에 이르렀다.

고조선은 영토도 꽤 넓었고 강력한 왕과 지배 계급도 있었다. 고조선이 중앙 집권 국가로 나아갔는지는 자세한 기록이 없어 알 수 없지만, 고인돌의 주인공인 족장들의 시대보다 발전했음은 틀림없다. 중국이 전국 시대(기원전 403~221)의 혼란을 겪는 동안 고조선은 만주와 한반도 북부에 걸친 동북아시아의 강국으로 성장했다. 그러다가 중국에 한나라(기원전 202~기원후 220)라는 통일 제국이 등장하면서 위기를 맞는다. 한나라가 고조선까지 굴복시켜 스스로를 중심으로 하는 동아시아 질서를 잡으려 했기 때문이다.

◀ 메소포타미아 문자
점토판에 쐐기 문자로 새긴
함무라비 법전

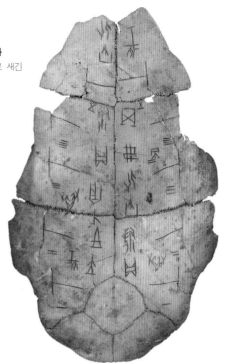

▲ 중국의 갑골문
농사, 학교, 정치 등에 대해 점을 치고 그 내용을
거북의 등딱지나 짐승의 뼈에 기록했다.

▲ 고대 이집트 문자
파라오의 권력을 상징하는 상형 문자

▲ 인더스 문자
청동에 문자를 새긴 도장

동아시아 질서의 형성 – 중국에서는

앞 장에서 우리는 세계 4대 문명 중 하나가 중국의 황하 문명이라는 것을 배웠다. 황하(黃河)는 누런 황토 물이 흘러내린다고 해서 생긴 이름이다. 가끔 홍수가 나서 강물이 흘러넘치면 강 주변에 기름진 흙이 쌓였다. 홍수가 끝나 물이 빠지면 사람들은 이 기름진 땅에 농사를 지으면서 살아갔다. 농사가 잘되니까 점점 많은 사람이 모여 살게 되었다. 기원전 2000년 무렵에는 청동기를 사용하면서 중국 문명이 생겨났다.

중국에는 처음에 하나라가 있었다고 하고, 그다음 상나라(기원전 1600~1046)가 등장했다고 한다. 은나라라고도 불리는 상나라는 청동기를 사용하고 갑골 문자를 썼다. 갑골 문자는 거북의 등딱지나 동물의 뼈에 쓴 글귀로, 지금까지 남아 있다. 상나라는 청동기 시대에 세워진 나라였기 때문에 고조선과 마찬가지로 왕, 귀족 등 지배 계급과 평민, 노예 등 피지배 계급으로 나뉘어 있었다.

상나라에서는 제사를 지내는 사람이 왕을 겸하고 있었다. 제사를 지내는 사람이 신의 뜻을 인간에게 전달해 준다고 생각했기 때문이다. 신의 뜻을 거역할 사람은 없었다.

진나라와 한나라의 성장

□ 진의 최대 영역
□ 한의 최대 영역
⟐ 만리장성
← 장건의 비단길 개척

대월지　소륵　둔황　시안(장안)

고조선

안드라 왕조

한 나 라 의 비 단 길 (사 막 길) 개 척

본래 유목민들의 교통로였는데 한나라 장건의 개척 활동으로 중국까지
이어졌다. 이 길을 통해 중국의 비단이 로마 제국으로 팔려 나갔으며 인도
의 불교와 간다라 미술이 중국, 한반도, 일본에 전해졌다.

◀ 진시황 병마용갱의 병사 인형과 말 인형

▼ 진시황 무덤 부근의 병마용갱

진나라의 병사와 말을 그 모습과 크기 그대
로 본떠 만든 인형들. 마치 살아 있는 듯이
표정과 자세가 생생하다.

또한 상나라에서는 국가의 중요한 일은 점을 쳐서 결정했다. 그 내용을 기록한 것이 바로 갑골 문자였다. 이렇게 제사장이 왕을 겸하는 방식은 고조선에서도 마찬가지였다. 고조선의 왕을 '단군왕검'이라고 부르는데, 여기서 단군은 제사장을 뜻하고, 왕검은 정치적 지배자를 뜻한다.

상나라가 멸망한 다음에는 주나라(기원전 1046~403)가 나타났다. 주나라의 왕은 수도 부근만 직접 다스렸다. 지방은 봉건제를 실시하여 왕족이 제후가 되어 다스렸다. 그런데 주나라가 세워진 지 약 300년 후 중국은 혼란기에 접어들었다. 약 500년간 지속된 이 혼란의 시대를 춘추 전국 시대라고 부른다.

춘추 시대(기원전 770~403)에는 다섯 개의 국가, 전국 시대(기원전 403~221)에는 일곱 개의 국가가 서로 중국 전체를 차지하기 위해 경쟁했다. 이러한 경쟁의 과정에서 경제가 발달하고 여러 사상가가 출현했다. 이들 중에는 우리가 잘 아는 공자와 맹자도 있었다. 전국 시대의 일곱 국가 가운데 한반도 가까이에는 연나라가 있었다. 고조선은 바로 이 연나라와 요서 지역을 경계로 하여 대립했다. 이러한 사실에서도 고조선이 상당한 세력을 갖고 있었음을 다시 한번 확인할 수 있다.

이렇게 강했던 고조선에 위기가 닥쳤다. 진시황이 전국 시대의 분열을 끝내고 중국을 진(秦)나라(기원전 221~206)로 통일하면서부터였다. 진시황은 전국에 도로를 만들고 화폐, 문자를 통일하여 강력한 중앙 집권 국가를 만들었다. 그는 또 흉노족을 정벌하고 만리장성을 쌓기 시작했다. 그러나 진나라는 고조선에 직접적인 위협이 되지는 않았다. 진시황이 죽자 반란이 일어나 곧 망하고 말았기 때문이다.

◀ 한나라의 채색 도자기 인형

진나라가 망한 뒤 다시 중국을 통일한 나라가 바로 한나라(기원전 202~기원후 220)다. 유방은 저 유명한 호걸 항우와 싸워 이기고 한나라를 세웠다. 한나라는 오늘날 중국의 기본 모습을 만든 나라였다. 한나라는 오늘날 중국 인구의 90퍼센트 이상을 이루는 한족(漢族)이 세운 국가라는 점에서도 의미가 크다.

이후 역사에서는 몽골족이 원나라를 세우고, 여진족이 청나라(1616~1912)를 세워 중국을 지배하기도 했다. 그러나 한족은 자기 문화에 대해 변치 않는 자부심을 가지고 있었다. 한족은 언제나 자신들이 온 세계의 중심이며 유일한 문명국이라는 의식을 가지고 있었다. 그래서 지금도 나라 이름을 '가운데 나라'라고 해서 중국이라고 부른다. 한족은 주변의 다른 나라를 모두 오랑캐라고 여겼다. 우리나라를 일컬을 때도 동쪽에 있는 오랑캐라는 뜻에서 '동이'(東夷)라고 했다. 이러한 한족 중심의 세계관을 중화사상이라 한다.

중화사상을 확립한 한나라는 7대 황제인 무제(재위 기원전 141~87) 때부터 영토를 크게 넓혀 나갔다. 흉노족을 공격하여 일부는 복속시키고 나머지는 더욱 서쪽으로 밀어냈다. 바로 이때 개척된 길이 비단길(사막길)이었다. 그리고 남쪽으로는 베트남을 정복한 다음 마침내 칼끝을 고조선 쪽으로 향했다.

그러나 한나라의 위협 앞에서도 고조선은 고분고분하지 않았다. 도리어 흉노와 손을 잡으려 했고, 한반도 남쪽의 작은 나라들이 한나라와 직접 교역하는 것을 막아섰다. 한나라 무제는 사신을 보내 고조선에 으름장을 놓았지만 고조선은 눈도 깜짝하지 않았다. 한나라에 예속되지 않고 스스로 동북아시아의 강국이 되겠다는 배짱이었다.

그러자 한나라는 마침내 5만 7,000명의 대군을 일으켜 고조선을 침략해 왔다. 기원전 109년의 일이었다. 중국의 통일 제국인 한나라가 쳐들어왔으니 고조선이 금방 무너졌겠다고? 천만의 말씀! 고조선은 한나라에 맞서 1년 넘게 완강하게 저항했다. 그만큼 고조선의 국력이 상당했다는 이야기다.

안타깝게도 고조선은 내부의 배신자들 때문에 패망하여 한나라 땅의 일부가 되었다. 이렇게 해서 한나라 중심의 동아시아 질서가 만들어졌다. 그러나 끝까지 굴복하지 않고 싸운 고조선 사람들의 정신은 이후로도 우리 조상들에게 끈질기게 이어진다.

역사는
한국에서, 세계에서
흐른다

한국사 ➡

기원전 2000~1500년

〈청동기 시대 시작〉

세계사 ➡

기원전 1600년경
중국, 상나라 건국

기원전 1046년경
중국, 주나라 건국

기원전 770년
중국, 춘추 시대 시작

기원전 525년
페르시아(이란),
오리엔트(이집트+메소포타미아) 통

기원전 753년
로마 건국

●고대 동서양의 교역로 비단길

기원전 5세기

〈철기 시대 시작〉

기원전 194년

위만 조선 시작

기원전 108년

고조선 멸망

기원전 334년

알렉산드로스 대왕, 동방 원정(~기원전 324)

기원전 221년

진나라, 중국 통일

기원전 4년

예수 크리스트 탄생

기원후 8년

중국, 왕망의 신나라 건국(~23)

기원전 403년

중국, 전국 시대 시작

기원전 317년

인도, 마우리아 왕조 성립

기원전 202년

중국, 한나라(전한) 건국(~기원후 8)

기원후 25년

중국, 후한 성립

03

고대 국가와 종교

삼국 불교와 인도 불교

고조선 멸망 이후 우리나라에는 여러 나라가 나타나다가
삼국 시대로 접어들었다. 이처럼 나라 하나가 여러 개로 나뉘
는 현상은 세계의 다른 곳에서도 보인다. 게르만족이 이동을
시작하여 로마가 동서로 분열되고, 중국도 한나라가 망
하고 오랜 분열기로 접어들었다. 이때 분열된 사람들
을 하나로 묶어 주는 보편적인 종교가 널리 퍼졌으니,
바로 서양의 크리스트교와 동양의 불교였다.

▲ 불교를 창시한 싯다르타와 불교를 받아들인 신라의 법흥왕
배경 사진 경주 불국사 석굴암 본존불_ 수학적으로 완벽한 비례와 균형을 통해 불교의 이상 세계를 구현했다. 국보.

아래 사진의 비석은 이차돈의 순교비다. 이차돈은 신라 법흥왕(재위 514~540) 때, 불교를 반대하는 귀족 세력에 맞서 불교를 옹호하다가 순교한 인물이다. 『삼국유사』에 따르면 그의 목을 베니 하얀색 피가 솟구쳤다고 한다. 신라는 이차돈의 순교 이후 불교를 공식적으로 인정했다. 불교가 고구려에 들어온 지 약 150년이 지난 후의 일이었다.

그런데 신라의 귀족은 왜 불교를 반대했을까? 그들은 불교가 왕권을 강화하면 본인들의 세력이 약해질 것이라 염려했다. 신라보다 먼저 불교를 받아들인 고구려와 백제에서 불교가 왕권을 강화했다는 사실을 익히 알고 있었던 것이다.

삼국 가운데 맨 먼저 불교를 받아들인 나라는 고구려였다. 소수림왕(재위 371~384) 때인 372년의 일이다. 백제는 그보다 12년 늦었다. 당시 불교는 단순한 신앙에 머물지 않고 국가 정신을 통일시켜 왕권을 강화하는 아주 중요한 역할을 했다.

불교가 들어오기 이전에는 원시적인 형태의 신앙이 있었다. 예를 들어 토테미즘에 따라 동물을 숭배하는 식이었다. 어떤 부족은 곰을 숭배하고 어떤 부족은 호랑이를 숭배하고 있었다. 그런데 곰을 숭배하는 부족과 호랑이를 숭배하는 부족이 모여 하나의 국가를 만들자 문제가 발생했다. 두 부족은 신앙이 달라서 다른 나라와 전쟁을 할 때 힘을 합치기 어려웠던 것이다.

● 태 학
우리 역사 기록에 처음 등장하는 학교로 공자, 맹자의 유학을 교육했다. 유학은 신하가 군주에게 충성할 것을 가르치므로 왕권을 강화하는 데 도움이 되었다.

불교는 이러한 한계를 극복하게 해 주었다. 불교를 통해 백성 간에 정신적인 통일이 이루어질 수 있었고, 이렇게 백성의 힘을 하나로 모으는 과정에서 왕의 권력이 강해졌다.

불교를 받아들인 소수림왕 시절, 고구려는 위기를 겪고 있었다. 소수림왕의 아버지인 고국원왕(재위 331~371)이 백제의 근초고왕(재위 346~375)과 싸우다가 죽었기 때문이다. 이 위기 상황에서 소수림왕은 나라를 추스르고 왕권을 강화하기 위해 여러 가지 사업을 벌여 나갔다.

먼저 태학을 설립하여 유학을 가르쳤다. 유학은 임금에 대한 충성을 강조하는 학문이기에 왕권을 강화하는 데 도움이 되었다. 또 율령을 반포했다. 율령이란 법령인데, 군주의 명령을 담고

▶ 이차돈 순교비
자신의 머리를 베면 부처의 뜻이 온 세상에 알려질 것이라며 자진해서 순교했다. 머리가 베인 순간 흰 피가 솟구쳐 오르고 캄캄해진 하늘에서는 꽃이 비 오듯 쏟아지며 땅이 크게 흔들렸다고 한다. 이후 법흥왕은 불교를 공식 인정했다.

4세기 불교가 들어올 무렵의 삼국 판도

교류
진출

부여

요서 지방
전진

고구려

동해

산둥반도

백제
신라
가야

황해

동진

탐라

규슈 왜

있어 이 또한 왕권을 강화하는 역할을 했다. 이와 함께 불교를 받아들여 백성의 신앙을 통일했다. 즉 불교는 국가 정신을 통일하는 기능을 담당하여 중앙 집권 국가의 기틀을 다지는 데 기여했다.

이 같은 불교의 역할은 신라에서 가장 뚜렷하게 나타났다. 앞에서 살펴본 대로 신라에서 불교는 이차돈의 순교를 통해 아주 어렵게 공식적으로 인정받았다. 고구려가 불교를 받아들인 지 150년 가까이 지난 다음의 일이었다. 이때 법흥왕은 고구려의 소수림왕이 했던 것처럼 율령을 반포하고 관복을 마련하여 제도를 정비했다.

신라는 시작이 늦은 만큼 발전도 뒤처졌다. 하지만 "나중 난 뿔이 우뚝하다."라는 속담처럼, 신라는 불교를 받아들이고 왕권을 강화하는 데는 늦었지만 국가의 기틀을 잡은 뒤에는 매우 빠르게 성장했다.

법흥왕 바로 다음 왕이 신라를 강국으로 만든 진흥왕(재위 540~576)이다. 진흥왕은 법흥왕이 일구어 놓은 나라 살림을 밑천 삼아 정복 활동에 나섰다. 백제와 힘을 합쳐 고구려를 밀어내고 한강 유역을 차지한 다음, 백제마저 물리치고 한강의 주인이 되었다. 또한 훗날 삼국 통일의 밑거름이 되는 화랑도를 국가적인 조직으로 개편했다.

뒤늦게 불교에 맛을 들인 신라에서는 왕이 곧 부처라는 사상이 아주 강했다. 그래서 왕의 이름도 법흥왕, 진흥왕처럼 불교식으로 지었다. 왕이 부처라는 사상이 가장 잘 드러난 것이 바로 불국사와 석굴암이다. 불국사란 부처가 사는 나라의 절이라는 뜻이다. 물론 여기서 부처는 "왕이 곧 부처"라는 사상에 의해 신라의 왕을 뜻한다. 이처럼 신라는 불교를 가장 잘 이용하여 왕권을 강화한 나라였다.

그런데 불교는 원래 어떤 종교이기에 삼국이 중앙 집권 국가로 성장하는 데 큰 도움을 주었던 걸까? 불교는 어디에서 생겨나 어떻게 우리나라에 전래된 것일까?

이 물음의 답은 고대 문명의 발상지 가운데 하나인 인도에 있다. 그곳으로 가 보자.

삼국 시대 불교 예술의 꽃, 석탑과 불상

▲ 미륵사지 석탑

▲ 정림사지 5층 석탑

미륵사지 석탑(익산, 국보)과 정림사지 5층 석탑(부여, 국보)은 온화하고 우아한 멋이 돋보이는 백제의 불교 예술이다. 나라를 지키기 위해 지은 절은 결국 사라지고 탑이 남아 그 터를 지키고 있다.

▶ 금동 미륵보살 반가 사유상

삼국 시대. 높이 80센티미터. 국보.

◀ 금동 연가 7년명 여래입상

6세기 후반. 고구려의 불상. 높이 16.2센티미터. 국보.

| 불 상 의 유 래 |

절에 가면 눈에 가장 잘 보이는 것이 탑과 불상이다. 그런데 불교가 생겨난 기원전 6세기부터 기원후 1세기 쿠산 왕조 때까지 약 700년 동안은 불상이 만들어지지 않았다. 그때는 절에 불상이 없는 것이 당연했다. 당시의 불교도들은 감히 신적인 존재인 부처를 조각으로 만들 생각을 하지 못했기 때문이다. 대신 부처의 사리를 보관하는 탑이 불교 신앙의 중심이었다.

그런데 쿠산 왕조 때 인도 간다라 지역에 그리스 문화가 전해지면서 변화가 일어났다. 그리스인들은 신을 인간과 같이 생각하여 신상을 조각하고 있었다. 이것을 본 인도인도 불상을 조각하기 시작했다. 이 간다라 문화에서 처음으로 불상이 제작되었다.

이렇게 보면 우리가 석굴암이라는 세계 문화유산을 갖게 된 데에는 그리스 사람들의 도움이 있었다고 볼 수 있다.

고대 국가와 종교 – 인도에서는

▲ 인도의 국기

진리의 수레바퀴

▲ 아소카왕이 세운 돌기둥 머리
불교에서는 부처를 동물의 왕 사자에 비유하고 그의 설법을 사자후라 부른다. 세 마리 사자의 입 모양은 각각 다른데, A(아)는 시작, U(우)는 침묵, M(훔)은 깨달음의 단계를 나타낸다. 부처님이 깨달은 진리의 수레바퀴는 현재 인도의 상징으로도 쓰인다.

왼쪽 사진은 고대 인도의 아소카왕(재위 기원전 268~232)이 세운 돌기둥의 머리 부분이다. 여기에서 사자는 왕의 권위를 상징하고 수레바퀴는 부처님의 가르침을 뜻한다.

아소카왕은 인도 최초의 통일 왕조였던 마우리아 왕조(기원전 317~180)에서 가장 유명한 왕이다. 그는 중앙 집권적인 통일 왕국을 건설하고 불교를 널리 장려했다. 우리나라의 삼국과 똑같은 정책이었다. 고대 인도에서나 우리나라에서나 불교가 왜 이렇게 왕들의 인기를 끌었는지 이제 인도의 역사를 살펴보면서 그 답을 찾아보자.

인도 문명은 기원전 2500년 무렵 인더스 강 주변의 기름진 평야 지대에서 생겨났다. 잘 짜인 도로망을 갖추고 공중목욕탕이 있을 정도로 발달한 문명이었다. 그런데 기원전 1000년 무렵 중앙아시아의 초원 지대에 살던 아리아인이 인도를 침범했다.

아리아인은 태양신, 폭풍신 등 자연신을 찬양하고 그들에게 제사를 지냈다. 이 아리아인이 만들어 낸 종교가 브라만교다. 브라만교에서 제사를 지내는 사람을 브라만이라고 불렀는데, 이들이 가장 높은 제1 신분이 되었다. 브라만 신분은 제사를 주관하면서 종교 의식을 점차 복잡하게 만들었다. 자신들의 특권을 강화하기 위해서였다. 그러나 사회가 발전하면서 브라만교의 신분 차별과 복잡한 종교 의식을 비판하는 움직임이 일어났다.

이러한 흐름 속에서 기원전 6세기 무렵 석가모니가 불교를 창시했다. 그는 누구나 지나친 욕심을 버리고 올바른 수행을 하면 현실의 고통에서 벗어나 해탈에 이를 수 있다고 가르쳤다. 이러한 평등사상은 브라만을 꼭짓점으로 하는 차별적인 신분 제도, 즉 카스트 제도로 고통받던 인도 민중에게 환영을 받았다. 신흥 왕국의 국왕이나 상인같이

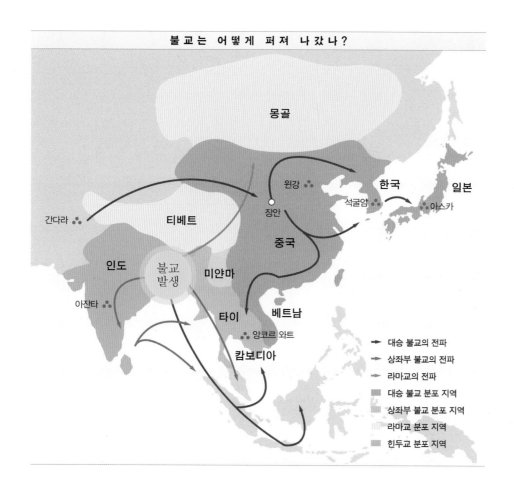

불교는 어떻게 퍼져 나갔나?

몽골

윈강

장안

석굴암

한국

일본

아스카

간다라

티베트

중국

인도

불교
발생

미얀마

아잔타

타이

앙코르 와트

베트남

캄보디아

➡ 대승 불교의 전파
➡ 상좌부 불교의 전파
➡ 라마교의 전파
▧ 대승 불교 분포 지역
▧ 상좌부 불교 분포 지역
▧ 라마교 분포 지역
▧ 힌두교 분포 지역

여러 계층을 아우르거나 고루 상대해야 하는 사람들도 불교를 반겼다.

그러므로 전 계층을 아우르는 중앙 집권 국가를 건설해 나가던 아소카왕이 불교를 장려한 것은 당연한 일이었다. 그는 불경을 정리하고 돌기둥과 불탑을 세워 부처의 가르침을 전파했다. 아소카왕은 이 과정을 통해 국가 정신을 통일하고 부처의 권위를 빌려 왕권을 강화할 수 있었다. 이때의 불교를 상좌부 불교라고 한다.

아소카왕의 마우리아 왕조가 멸망하자 쿠샨 왕조(기원후 1세기~5세기)가 들어섰는데, 이 나라의 카니슈카왕도 불경을 편찬하면서 불교를 권장했다. 이때의 불교는 대승 불교라고 한다. 상좌부 불교는 주로 동남아시아로 퍼져 나갔으며, 대승 불교는 중국을 거쳐 우리 나라와 일본 등 동아시아로 전파되었다.

이처럼 왕들에게 사랑받던 불교가 인도에서는 4세기 초부터 내리막길에 접어들었다. 북부 인도를 통일한 굽타 왕조(320~550) 때에는 힌두교가 불교를 제치고 널리 퍼져 나갔다.

● 대승 불교와 상좌부 불교
대승 불교는 여러 사람이 함께 해탈할 것을 강조하고, 상좌부 불교는 한사람 한 사람의 해탈을 추구한다.

힌두교는 브라만교가 오랜 세월에 걸쳐 민간 신앙을 흡수하고 불교의 장점을 받아들이면서 만들어진 종교다. 그래서 힌두교는 특정한 창시자도 없고 체계화된 교리도 없다. 힌두교도가 섬기는 신은 무려 3억 3,000명에 이른다고 한다.

불교는 평등을 강조했지만 카스트 제도를 넘어서지는 못했다. 승려들은 수행을 통해 깨달음을 얻으려 했으나, 일반 신자들은 일상생활을 지배하는 카스트 제도의 규정을 따라야 했다. 그래서 불교는 끝내 생활 속에 뿌리내리지 못했다. 사람들이 부처를 힌두교의 여러 신들 가운데 하나로 섬기게 되면서 불교의 독자성은 사라져 갔다.

이처럼 불교는 고향인 인도에서 힌두교에 밀려났지만, 1세기경 중국에 전래되면서 세계 종교로 뻗어 나갔다. 중국 불교는 인도 불교와 마찬가지로 왕권을 강화하는 기능을 맡았다. 왕들은 불교를 후원했고 불교 교단은 왕의 권력에 의존하여 세력을 키웠다. 특히 북위(386~534)라는 나라에서는 국가 중심의 불교가 발달하여 윈강 석굴, 룽먼 석굴 등 역사적인 불교 유산이 창조되었다.

중국에서 우리나라로 불교가 전해진 뒤, 이번에는 백제가 일본의 야마토 정권(3세기 말~7세기 중엽)에 불교를 전파한다. 특히 쇼토쿠 태자(574~622)는 아스카 지방을 중심으로 불교문화를 크게 일으키고 불교를 통해 왕권을 강화했다.

인도에서 출현한 불교는 신분 차별에 반대하는 세력을 지지 기반으로 삼아 발전했다. 특히 국가 정신을 통일시켜 왕권을 강화하려는 왕들이 불교 세력을 키웠다. 인도만이 아니라 중국, 우리나라, 일본 등 고대 아시아 국가들은 불교를 발판으로 삼아 중앙 집권 국가로 나아갔던 것이다.

역사는
한국에서, 세계에서
흐른다

한국사 ▶

346년
백제, 근초고왕 즉위 (~375)

384년
백제,
불교 전래

372년
고구려, 불교 전래

기원전 317년
인도, 마우리아 왕조 성립

기원후 45년
인도, 쿠샨 왕조 성립

313년
로마, 크리스트교 공인

375년
게르만족 대이동 시작

320년
인도, 굽타 왕조 성립

세계사 ▶

● 인도의 갠지스강

427년
고구려, 평양 천도

527년
신라, 이차돈의 순교로 불교 공인

751년
신라, 김대성이
불국사 다시 지음

538년
백제, 일본에
불교 전파

540년
신라,
진흥왕 즉위 (~576)

395년
로마 제국, 동서로 분열

439년
중국,
남북조 성립

589년
수나라,
중국 통일

645년
일본, 쇼토쿠 태자의
다이카 개신

04

고대 동북아시아의 국제 질서

'천하의 중심' 고구려와 분열된 중국

고구려가 동북아시아의 패자로 자리 잡고 있을 무렵 중국은 위·진·남북조 시대의 분열기를 지나 통일 제국인 수나라, 당나라가 출현했다. 동아시아 전체에 자기 중심의 보편적 질서를 세우려는 중국과 동북아시아를 자기 세력권으로 굳히려는 고구려 사이에 운명을 건 충돌이 일어나는 것은 시간 문제였다.

▲ 당나라 무사와 고구려 무사

배경 사진_ 고구려 광개토 대왕릉비_ 광개토 대왕의 백제 정벌, 신라 구원, 동부여 정벌에 관한 내용이 새겨져 있다.
(414년 건립, 중국 지린성 지안 소재)

이번 시간에는 많은 사람이 좋아하고 흥미로워하는 고구려에 대해 알아보자. 왼쪽의 비석은 유명한 광개토 대왕릉 앞에 세워진 비석이다. 넓게 영토를 개척했다는 뜻의 광개토 대왕(재위 391~412). 정말 강렬한 인상을 주는 이름이 아닌가? 당시 고구려는 스스로 '천하의 중심'이라고 자부하고 있었다. 대체 고구려가 얼마나 강하고 큰 나라였기에 이토록 엄청난 자부심을 가지고 있었을까?

원래 고구려는 산악 지대에서 성장한 국가였다. 그래서 농토가 아주 좁았다. 식량이 부족한 고구려는 주위에 있는 나라들을 정복해서 공물을 받으며 살았다. 부여, 옥저, 동예 등이 고구려에 공물을 바치는 나라들이었다.

● 부여 · 옥저 · 동예
부여는 5세기에 연맹 왕국 단계에서 고구려에 복속되었고, 옥저와 동예는 군장 국가 단계에서 고구려에 복속되었다.

이렇게 나라를 키워 가던 고구려는 4세기 무렵 큰 위기를 맞는다. 용감하고 싸움 잘하던 고구려 사람들조차 두려움에 떨게 만든 백제의 근초고왕(재위 346~375)이 등장한 것이다. 백제가 전성기를 누리던 시절이었다.

백제는 한반도에서 가장 중요한 지역인 한강 유역을 차지하고 있었다. 백제는 중국의 요서와 산둥반도, 그리고 일본의 규슈에 진출할 만큼 세력이 강했다. 심지어 근초고왕은 고구려를 침략해서 고국원왕(재위 331~371)을 죽이기까지 했다. 지금도 대통령이 갑자기 죽으면 계엄령이 선포되고 군인들이 치안, 행정, 사법을 담당하면서 혼란을 수습한다.

그런데 이 시대는 왕이 나라의 주인이요, 백성의 중심이던 시대였다. 그런 왕이 적군 손에 죽었으니 고구려로서는 정말 커다란 위기 상황이 아닐 수 없었다. 더구나 싸움이라면 자신 있던 고구려가 싸움터에서 왕을 잃었으니, 백성들은 심리적 공황 상태에 빠졌다.

이런 위기 상황에서 나라의 기틀을 다잡은 왕이 소수림왕(재위 371~384)이다. 그는 아버지인 고국원왕의 복수를 뒤로 미루고 나라의 제도부터 정비했다. 소수림왕은 불교를 받아들여 국가 정신을 통일했다.

▶ 황룡
고구려 다섯 무덤 4호의 천장 한가운데에 그려진 용.
세계의 중심, 황제를 의미한다.

▲ 호우명 그릇
경주의 호우총에서 발견된 그릇. 밑바닥에 새겨진
"국강상 광개토지호태왕"이라는 글귀를 보아 당시
광개토 대왕의 군대가 신라를 도와주었다는 사실을
알 수 있다.

또한 태학을 설립하고 율령을 반포하여 고구려의 위세를 되찾았다. 소수림왕은 이처럼 나라 살림을 잘해서 조카인 광개토 대왕이 밖으로 활발한 정복 활동을 할 수 있는 밑바탕을 마련했다.

광개토 대왕의 업적은 광개토 대왕릉비에 자세히 기록되어 있다. 광개토 대왕은 백제를 공격하여 한강 이북의 땅을 빼앗고, 신라에 침입한 왜구를 물리쳤다. 그리고 서북쪽으로 후연(384~409, 선비족이 중국 북쪽에 세운 나라)을 격파하여 요동을 포함한 만주 대부분을 차지했다. 광개토 대왕은 일생 동안 성 64개와 촌락 1,400여 개를 정복하고 대국을 건설했다. 광개토 대왕이 이른 나이에 죽자 그의 아들인 장수왕(재위 413~491)이 왕위를 계승했다. 장수왕은 97살까지 오래 살았다고 해서 붙은 이름이다. 그는 오래 살았을 뿐 아니라 광개토 대왕에 이어 활발한 정복 활동도 벌였다. 427년 수도를 국내성에서 평양으로 옮긴 장수왕은 백제를 공격하여 한강 유역을 빼앗았다. 이로써 고구려 영토는 한반도 전체의 4분의 3에 달했다.

이와 같이 고구려가 나라 안팎으로 힘을 키워 가던 시기에 중국은 여러 나라로 분열되어 있었다. 그러니 동북아시아의 패자로 떠오른 고구려를 함부로 대할 수 있는 나라는 어디에도 없었다. 고구려는 백제, 신라, 왜 등을 자기 세력권으로 거느리는 동북아시아 '천하의 중심'이었으며, 중국의 여러 나라와 대등하게 맞서는 강대국이었다.

이처럼 당당하던 고구려가 6세기 말, 다시 위기를 맞았다. 그간 분열되어 있던 중국이 하나의 나라로 통일되었기 때문이다. 그 옛날 중국을 통일한 한나라가 당시 동북아시아의 강국이었던 고조선을 압박했듯이, 다시 중국을 통일한 수나라(589~618)도 고구려를 몰아 붙이기 시

5 세 기 고 구 려 전 성 기 의 세 력 판 도

부여 / 거란 / 동부여 / 고구려 / 후연 / 국내성 / 동해 / 평양성 / 동예 / 한성 / 황해 / 백제 / 신라 / 가야

고구려는 만주와 한반도에 걸친 광대한 영토를 차지하고 정치 제도를 완비한
대제국을 형성하여 중국과 대등한 위치에서 힘을 겨루었다.

작했다. 그렇다고 고분고분 무릎을 꿇을 고구려가 아니었다. 마침내 수나라는 백만 대군을 일으켜 고구려를 침략했다. 동북아시아의 질서를 판가름하는 대전쟁이었다. 이 전쟁은 수나라가 망한 뒤에도 중국의 새로운 주인 당나라(618~907)와의 싸움으로 이어지는 길고 고단한 역정이었다.

고대 동북아시아의 국제 질서 – 중국에서는

아래 사진을 한번 보자. 이 유적을 직접 본 사람들은 "이게 산이지 어떻게 사람의 무덤이야?"라며 놀라곤 한다. 중국 시안에 위치한 이 능은 당나라 황제 고종(재위 649~683)과 그의 처인 측천무후(624~705)의 무덤인 건릉이다. 당나라 황제릉 중 규모가 가장 크다.

건릉의 규모에서 엿볼 수 있듯이 당나라는 세계 역사에서 손꼽히는 강대한 제국이었다. 수나라를 이어 중국을 통일한 당나라는 자신을 중심으로 동아시아의 국제 질서를 세웠다. 중국의 분열이 오랫동안 이어져 온 만큼, 이를 털어 내고 한나라 시절의 국제 질서를 회복하기는 쉽지 않은 일이었다. 자, 그러면 한나라 이후 당나라가 등장하기까지 중국이 걸어온 길을 먼저 살펴보자.

▼ 건릉
당나라 고종 부부의 무덤

◀ 측천무후
당나라 고종의 황후였다가 690년 스스로 황제를 칭하며 중국 역사상 유일한 여제가 되었다.

수나라와 당나라의 발전

발해

수의 영역
당의 영역

둔황

신라

이슬람 제국　　토번(티베트)

장안　　양저우

항저우

바르다나 왕조

광저우

수나라는 4세기 동안 분열되어 있던 중국을 통일하고 30년
간 통치했다. 이어 당나라는 장안을 도읍으로 정하고 주변
민족을 정복하여 대제국으로 성장했다.

▲ 수나라 청동 거울

▲ 당나라 청동 거울

◀▲▶ 수나라 무사 인형

당나라 무사 인형 ▶

▲ 당나라 삼채 도자기 인형
주로 백색, 녹색, 갈색 3가지 유약을 써서 만든 도자기. 귀족의 무덤에 들어가는 기념품으로
당나라의 다채롭고 이국적인 귀족 문화를 대표한다.

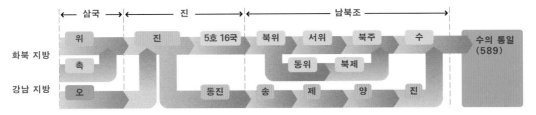

한나라는 고조선을 멸망시키고 중국을 동아시아 질서의 중심으로 세운 제국이었다. 한나라는 고조선을 멸망시킨 후 300여 년 동안 더 지속되다가 기원후 220년에 멸망했다.

그 후 중국은 589년 수나라에 의해 통일되기까지 370여 년의 기나긴 혼란기에 접어들었다. 창장강 이북의 화북 지역에서는 여러 북방 민족이 침입하여 수많은 왕조를 세우는 5호 16국 시대가 전개되었다. 그러자 한족은 강남으로 피난하여 자기들의 왕조를 세우게 된다. 이 혼란의 시기를 위·진·남북조 시대라고 부른다.

위·진·남북조 시대에 남조와 북조의 문화는 각기 다른 특징을 띠었다. 한족 중심의 남조에서는 귀족 사회가 발달했다. 그리하여 유교적 권위를 부정하는 자유분방한 노장사상과 청담 사상이 크게 유행했다. 이에 반해 북조에서는 유목민의 강건한 기풍을 보였다. 이곳에서는 유교가 국가 차원에서 장려되었고, 불교도 널리 퍼져 나갔다.

중국이 남북조로 나뉘어 혼란을 거듭하고 있을 때, 고구려는 비교적 평화로운 시간을 보내고 있었다. 특히 장수왕은 남조, 북조 모두와 교류하면서 나라의 힘을 키웠다. 그러나 589년, 수나라가 중국을 통일하면서 동북아시아의 정세는 급격히 바뀐다.

수나라를 세운 문제(재위 581~604)라는 임금은 과거 제도와 균전제 등을 실시하여 제도를 정비하고 군사력을 키웠다. 문제의 뒤를 이은 양제(재위 604~618)는 황하와 창장강을 연결하는 대운하를 건설했다. 그렇게 나라 안을 정비한 뒤 이번에는 동북쪽으로 눈을 돌려 고구려를 넘보기 시작했다.

수 양제도 옛날 한 무제가 고조선을 정복하고 동아시아 전체를 평정했던 위업을 달성하고 싶었을 것이다. 한 무제는 5만 7,000명의 병력을 파견했지만, 이제 고구려라는 강국을 공략하려면 그 정도로는 어림없었던 듯하다. 수 양제는 직접 113만 대군을 동원하여 고구려를 침략했다. 그런데 113만 대군도 고구려 장수 을지문덕의 지략에 말려 살수라는 곳에서 30만 명 이상을 잃고는 쫓기듯 돌아서야 했다. 수나라는 그 후로도

● 과 거 제 도
과거 제도는 집안의 배경이 아니라 능력 위주로 관리를 등용하기 때문에 왕권을 강화할 수 있다.

● 균 전 제
국가에서 일반 백성에게 토지를 나누어 주는 제도. 토지를 받은 농민은 그 대가로 국가에 세금을 납부하고 군역의 의무를 지게 된다.

두 차례나 더 고구려 정벌에 나섰지만 끝내 뜻을 이루지 못하고, 도리어 전쟁의 부담 때문에 멸망하고 말았다.

그러나 고구려의 시련은 여기서 끝나지 않았다. 수나라에 이어 당나라라는 한층 더 강력한 제국이 들어섰기 때문이다. 당 태종(재위 626~649)은 중앙아시아와 돌궐을 정복하여 대제국을 건설했다. 그리고 드디어 고구려까지 정복해 동북아시아 전체를 손아귀에 넣으려 했다.

고구려는 일찍부터 천리장성을 쌓으면서 당나라의 침략에 대비했다. 이같이 철저한 준비와 강인한 정신력이 있었기에 고구려는 세계 제국을 건설하려던 당나라의 침략마저 물리칠 수 있었다. 그러자 당나라는 고구려를 멸망시킬 다른 방법을 찾아 나섰다. 백제와 고구려에 따돌림을 받던 신라와 동맹을 맺은 것이다.

당나라는 신라의 도움을 받아 668년에 드디어 고구려를 멸망시켰다. 그리고 내친 김에 신라마저 집어삼키려 했다. 그러나 신라는 고구려의 부흥군과 협력하여 당나라군을 내쫓았다(676). 그뿐만 아니라 옛 고구려 땅에 고구려를 계승한다는 발해(698~926)가 세워지면서 동북아시아를 통째로 지배하려는 당나라의 계획은 무산되고 말았다.

그렇다고 해서 당나라가 애초 목표대로 동아시아를 아우르는 보편적 질서를 만들어내는 데 실패한 것은 아니었다. 지금까지 살펴본 것처럼 당나라는 중국을 통일하여 혼란을 극복하고 중세적 질서를 세웠다. 그리고 동아시아 전체에 당나라를 중심으로 하는 새로운 국제 질서가 뿌리내렸다. 이때부터 동아시아는 한자, 율령 체제, 불교를 중심으로 공통의 문화권을 형성하게 되었다. 통일 신라와 발해도 중세 동아시아의 보편적인 질서를 인정하고 그 틀 안에서 나름대로 문화 국가를 이룩했다.

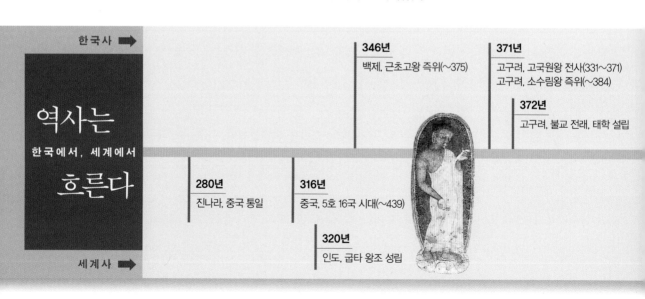

역사는
한국에서, 세계에서
흐른다

한국사 ▶

346년
백제, 근초고왕 즉위(~375)

371년
고구려, 고국원왕 전사(331~371)
고구려, 소수림왕 즉위(~384)

372년
고구려, 불교 전래, 태학 설립

280년
진나라, 중국 통일

316년
중국, 5호 16국 시대(~439)

320년
인도, 굽타 왕조 성립

세계사 ▶

그러나 당나라는 건국된 지 100여 년 만에 쇠퇴하기 시작한다. 그러다 875년에 일어난 황소(?~884)의 난으로 깊은 혼란에 빠졌다. 결국 907년, 지방에서 국방의 책임을 맡고 있던 절도사 주전충(852~912, 후량의 건국자)이 당나라의 숨통을 끊었다. 그러자 통일 신라와 발해 에도 곧 위기가 닥쳐 두 나라 모두 얼마 못 가 당나라와 운명을 같이했다.

이처럼 중세 초기 동아시아를 휘어잡은 당나라에 맞서 끝까지 저항했던 고구려는 동북아시아에 굵고 진한 자취를 남겼다. 그 후의 역사에서 만주와 한반도 북부를 무대 로 활약한 세력은 모두 고구려를 계승하겠다고 나섰다. 아무리 강하고 세련된 선진국이 라 해도 그들의 방식을 강요하는 데에 굴복하지 않겠다는 자주성과 주체성, 그것이 고구 려가 우리 역사에 남긴 뜻깊은 유산이리라.

◀ 중국 지린성 지안의
고구려 고분 장군총

400년
고구려, 광개토 대왕이
신라 침입한 왜구를 물리침

427년
고구려, 장수왕 평양 천도

612년
살수 대첩, 고구려,
수나라 침입 물리침

645년
안시성 싸움, 고구려, 당나라 침입 물리침

439년
중국, 남북조 시대 성립

589년
수나라, 중국 통일(~618)

875년
당, 황소의 난

618년
중국, 당 건국(~907)

05

고대에서 중세로

신라의 삼국 통일과 프랑크 왕국의 서유럽 통일

당나라가 동아시아에서 중세적 보편 질서를 만들어 나갈 때 한반도에서는 신라가 삼국을 통일하여 그 질서에 적응할 채비를 했다. 한편 서유럽에서는 고대를 대표하던 로마 제국이 무너진 뒤 프랑크 왕국이 크리스트교 정신을 앞세운 중세 질서의 수호자로 나섰다.

▲ 서로마 황제의 관을 받은 카롤루스 대제와 당나라의 침략을 뿌리친 문무왕

배경 사진 경주의 무열왕릉_ 신라의 제29대 왕 무열왕은 당나라와 연합하여 백제를 멸망시킴으로써 통일 신라의 형태를 갖추었다.

여기에서는 신라의 삼국 통일에 대해 살펴 보자. 아래 보이는 탑은 경상북도 경주에 있는 감 은사지 3층 석탑이다. '은혜에 감사한다'는 뜻의 감은사는 신문왕(재위 681~692)이 아버지 문무왕

삼국의 연합

4세기	5세기	6세기
고구려 / 백제 / 신라	고구려 / 백제 / 신라	고구려 / 백제 / 신라

(재위 661~681)을 추모해서 세운 절이다. 절은 지금 사라지고 없지만 돌로 만든 2개의 탑이 남아 있다. 문무왕은 삼국 통일을 이룩한 왕이다. 신라의 삼국 통일은 우리 민족의 기틀 을 마련했다는 점에서 의미가 크다. 그러나 신라가 삼국을 하나로 통일하는 과정에는 이 루 말할 수 없는 어려움이 많았다. 신라에 시련을 안겨 준 가장 대표적인 인물 중 한 사 람이 바로 백제의 계백 장군(?~660)이다.

백제의 계백 장군은 황산벌에서 결사대 5,000명을 이끌고 당나라와 신라의 연합군에 맞섰다. 물론 계백의 결사대는 패했고 백제는 멸망했다. 그 런데 우리를 숙연하게 만드는 일화가 전해진다. 바로 계백이 황산벌로 떠나 기 전에 가족을 전부 죽였다는 이야기다. 그는 이렇게 말했다고 한다.

"나라가 살아남을지 알 수 없다. 나라가 망해 나의 처자식이 포로로 잡혀 노비가 될지 모르니, 살아서 욕을 당하기보다 차라리 흔쾌히 죽는 게 낫다."

비정하고 잔인한 일이다. 어떻게 자기 손으로 가족 을 죽일 수 있었을까? 오늘날 우리는 동족인 고구려, 백 제, 신라가 통일하는 것은 당연히 좋은 일이라고 생각한 다. 마치 남북이 통일되면 좋은 것처럼. 그러나 이러 한 생각은 지금 우리의 희망 사항일 뿐이다. 삼국 시대에 고구려, 백제, 신라는 서로에게 적이었다. 상 대를 죽이지 못하면 자신이 죽어야 했다. 상대가 나와 같은 민족이라는 생각보다는 살아남기 위해 반드시 이겨야 할 상대라는 생각이 훨씬 컸다.

▶ 감은사지 3층 석탑
삼국을 통일한 문무왕은 새 나라의 위엄을 세우고 부처의 힘으로 나라 의 안정을 도모하고자 경주에 감은사를 세웠다. 탑 가운데 3층 으로 된 탑신부는 신라의 삼국 통일을 상징한다. 국보.

다시 말해 삼국 시대에는 서로가 동족이라는 의식이 약했다. 동족 의식이란 살아도 같이 살고 죽어도 같이 죽는다는 의식이다. 그리고 그런 의식이 생기려면 하나의 공동체를 이루어 함께 생활하는 시간이 있어야 하는 법이다. 그런데 고구려인, 백제인, 신라인에게는 그런 공동의 역사가 없었기 때문에 동족 의식이 약했던 것이다. 우리 조상의 동족 의식은 삼국 통일 이후에야 비로소 생겨났다.

삼국이 서로에게 적이었다는 사실은 외교 관계에서 확실히 드러난다. 4세기 말에는 고구려와 신라가 한편이 되어 백제를 압박했다. 5세기에는 고구려가 강해지자 신라와 백제가 연합했다. 그런데 6세기에 들어 신라가 강해지자 이제 백제와 고구려가 손을 잡았다. 어제의 적이 오늘의 동지가 된다는 현대 국제 사회의 원칙이 삼국 시대에도 그대로 적용된 셈이다.

어떤 이는 7세기 들어 신라가 당나라와 손을 잡았다는 사실에 분개한다. 어떻게 남의 나라를 끌어들여 동족을 정복할 수 있느냐면서 말이다. 그러나 당시 신라의 절박한 사정을 이해한다면 이러한 비난이 쉽지만은 않을 것이다.

7세기 들어 고구려는 수나라, 당나라의 침략을 막아 내는 데 여념이 없었다. 그러는 사이 백제의 의자왕(재위 641~660)

◀ 계백 장군

신라는 고구려, 백제의 유민과 연합하여, 한반도 전체를 장악하려는 당나라와 정면으로 대결했다.

은 신라를 공격해 대야성을 비롯한 40여 개의 성을 빼앗았다.

이 상황에서 신라는 먼저 고구려와 손을 잡으려 했다. 그래서 김춘추(603~661)가 고구려로 건너가 연개소문(?~665)을 만났다. 그런데 고구려는 신라가 가로채 간 한강 유역을 먼저 돌려줄 것을 요구하면서 신라의 제안을 거부했다. 오히려 고구려는 백제와 연합하여 신라를 군사적으로 압박했다. 위기에 처한 신라는 생존을 위해 하는 수 없이 당나라와 연합해야 했다.

당나라는 신라와 연합하면서, 고구려와 백제를 물리치면 대동강 이북 땅을 차지하기로 했다. 그런데 백제와 고구려가 차례로 멸망하자 당나라는 한반도 전체를 차지하려는 야욕을 드러냈다. 그러자 신라는 이제까지 동지였던 당나라에 맞서 전쟁을 시작했다. 7년에 걸친 이 전쟁에서 신라는 고구려 유민과 힘을 합쳐 승리를 일구었다. 비록 대동강 이남으로 영토가 한정되기는 했지만 드디어 우리 역사상 최초의 통일 국가가 탄생한 것이다.

고대에서 중세로 – 유럽에서는

신라가 삼국 통일을 완수하던 그 시기, 유럽에서도 오늘날 서유럽의 기원이 되는 통일 국가가 출현했다. 바로 카롤루스 대제(재위 768~814)의 프랑크 왕국(481~843)이다. 800년, 카롤루스 대제는 교황 레오 3세(재위 796~816)로부터 서로마 제국 황제의 관을 받았다. 서로마 제국은 이미 사라지고 없는 나라였는데 말이다. 그럼 이 대관식은 무슨 의미였을까? 이 물음에 대답하려면 먼저 로마의 역사부터 간단히 살펴봐야 한다.

로마는 기원전 8세기 중엽 라틴족 사람들이 티베르강 가에 세운 나라에서 출발했다. 로마는 옥타비아누스(재위 기원전 27~기원후 14)가 황제가 되면서 제국으로 발돋움하여 200년간 번영을 누렸다. 로마 제국은 지중해를 로마의 호수라고 부를 만큼 넓은 영토를 자랑했다.

그러던 로마가 3세기 초부터 흔들리기 시작했다. 군인들이 저마다 황제가 되겠다고 싸움을 일삼은 데다 이민족이 침입하면서 위기를 맞은 것이다. 결국 395년 로마 제국은 동로마와 서로마로 분열되었고, 뒤이어 476년 서로마 제국은 게르만족에 의해 멸망당했다.

서로마 황제의 관을 쓴 카롤루스 대제 ▶

게르만족의 대이동

로마 제국의 영역

대서양

앵글로 · 색슨 왕국

프랑크족

앵글로색슨족, 색슨족

부르군트족

반달족

훈족

동고트족

롬바르드족

서고트족

흑해

프랑크 왕국

부르군드 왕국

롬바르드 왕국

서고트 왕국

동고트 왕국

반달 왕국

지중해

◀ 게르만족의 일파인 노르만(바이킹)족 전사의 투구

처음에는 로마를 혼란에 빠뜨리더니 결국 서로마 제국을 멸망시킨 이민족 게르만족은 이제 명실공히 서유럽의 주인이었다. 서로마 황제의 관을 받은 카롤루스 대제가 바로 게르만족이었다. 게르만족은 원래 발트해 연안의 북유럽에 살았다. 이들은 농사를 짓고 가축을 기르는 동시에 사냥으로 먹고살았다. 문화 수준으로 보자면 게르만족은 로마인에 비해 현저하게 떨어진 상태였다.

게르만족은 인구가 점점 늘어나 로마 영토로 평화적으로 이주해서 군인이 되거나 농사를 지으며 살게 되었다. 그러던 4세기 후반, 아시아의 유목민인 훈족이 서쪽으로 진출했고 이에 밀린 게르만족이 대이동을 시작했다. 게르만족은 대거 로마 영토로 밀려 들어가 약 200년간 로마 영토 안에 수많은 왕국을 세웠다. 서로마 제국은 바로 이러한 혼란 속에서 멸망했다.

게르만족은 수많은 나라를 세웠지만 대부분 오래가지 못했다. 문화 수준이 낮고 인구가 적었기 때문이다. 그런데 게르만족이 세운 국가 중에 제대로 된 나라가 딱 하나 있었으니, 바로 프랑크 왕국이다. 프랑크 왕국은 원래 살던 곳을 떠나지 않고 그곳으로부터 팽창한 나라였기 때문에 자신들의 게르만 전통을 이어 갈 수 있었다. 또한 프랑크 왕국을 세운 클로비스왕(재위 481~511)은 크리스트교로 개종하여 크리스트교를 믿는 로마

주민과 우호적인 관계를 다졌다.

카롤루스 대제가 다스린 8세기 후반은 프랑크 왕국의 전성기였다. 그의 정복 활동으로 프랑크 왕국은 옛 서로마 제국의 영토 대부분을 차지했다. 여기에는 오늘날의 프랑스, 독일, 이탈리아 북부, 베네룩스 3국, 오스트리아, 헝가리가 모두 포함된다. 또한 카롤루스 대제는 나라 곳곳에 교회를 세우고 크리스트교 전파에 힘썼다. 궁정 학교를 세워 학자를 우대하고 라틴 문화도 장려했다. 그 결과 그가 통치한 시대는 후대 역사가들이 '카롤링거 르네상스'라고 부를 만큼 학문과 문예가 발달했다.

이에 로마 교황 레오 3세는 카롤루스 대제를 이미 사라진 서로마 제국의 황제로 인정하고 황제관을 선물하기로 했다. 이로써 카롤루스 대제는 그리스에서 로마로 이어지는 고대 라틴 전통, 크리스트교 신앙, 게르만 문화라는 세 가지 유산을 한데 합친 역사적 인물로 등극했다. 그리고 이 세 가지 요소는 새로운 서유럽 세계의 근간이 되었다.

하지만 카롤루스 대제가 세상을 떠나자 그의 후손들이 저마다 이 큰 나라를 차지하겠다고 나서 심각한 내분이 일었다. 결국 카롤루스 대제의 후손들은 베르됭 조약(843)과 메르센 조약(870)을 맺고 왕국을 동프랑크, 서프랑크, 중프랑크 이렇게 셋으로 나누었다. 이 세 나라가 바로 오늘날 독일, 프랑스, 이탈리아의 기원이다.

카롤루스라는 이름은 로마 사람들이 쓰던 라틴어 발음이다. 독일에서는 카를, 프랑스에서는 샤를마뉴라 부른다.

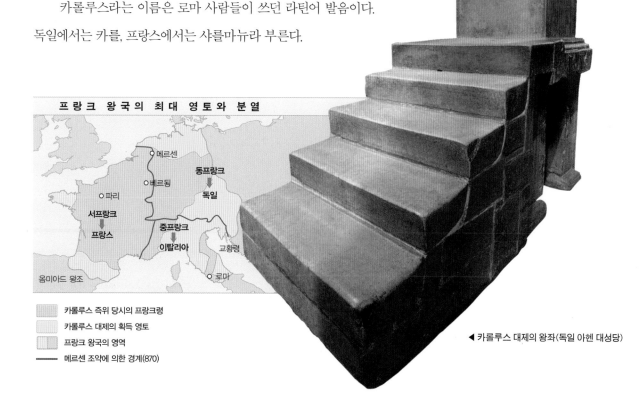

프랑크 왕국의 최대 영토와 분열

메르센
동프랑크
베르됭
파리
독일
서프랑크
중프랑크
프랑스
이탈리아
교황령
옴미아드 왕조
로마

▦ 카롤루스 즉위 당시의 프랑크령
▦ 카롤루스 대제의 획득 영토
▦ 프랑크 왕국의 영역
— 메르센 조약에 의한 경계(870)

◀ 카롤루스 대제의 왕좌(독일 아헨 대성당)

나라가 갈라지더니 불과 몇백 년 사이에 같은 조상 한 사람을 부르는 이름까지도 저마다 달라진 모습이 흥미롭다.

오늘날 유럽에는 수많은 국가와 민족이 있다. 유럽 연합에 가입한 국가만 해도 27개국이다. 이렇게 넓은 유럽이 하나의 국가처럼 단합하여 행동할 수 있는 것은 프랑크 왕국이라는 공동의 역사적 경험에서 비롯된다. 즉 유럽의 기원인 프랑크 왕국이 라틴 전통, 크리스트교, 게르만 문화를 결합하여 유럽 문화의 공통 기반을 다졌기 때문이다.

우리나라 역사로 돌아와 보자. 신라의 삼국 통일은 한반도의 역사가 고구려, 백제, 신라가 공존하는 고대를 마치고 강력한 통일 국가가 지배하는 중세로 이동하는 계기였다. 통일 신라는 당나라를 중심으로 하는 동아시아 국제 질서에 주체적으로 참여하여 중세 문화의 기틀을 마련했다.

한편 게르만족의 이동으로 시작된 서유럽의 중세는 카롤루스 대제의 노력으로 결실을 맺었다. 우리나라가 고구려, 백제, 신라로 대표되는 여러 갈래의 문화와 불교라는 보편적인 종교를 아우르며 중세로 나아갔다면, 서유럽은 라틴·게르만 계통의 문화 전통과 크리스트교라는 보편적인 종교를 아우르며 그들 나름의 중세로 나아갔다.

이처럼 세계 여러 곳의 역사는 따로따로 움직이는 것 같으면서도 그 안에 뜻밖의 공통점을 숨기고 있다. 찬찬히 들여다보면 보이는 것, 이것이 역사의 재미가 아닐까?

한국사 ➡

역사는
한국에서, 세계에서
흐른다

세계사 ➡

642년
신라의 김춘추,
고구려의 연개소문을 만남

660년
백제 멸망

668년
고구려 멸망

676년
신라, 삼국 통일

681년
신라, 신문왕 즉위(~692)

698년
발해 건국

645년
일본, 다이카 개신

828년
장보고, 청해진 설치

755년
당, 안사의 난

771년
프랑크 왕국의
카롤루스 대제,
서유럽 통일

800년
카롤루스 대제,
서로마 황제의 관을
받음

870년
메르센 조약,
프랑크 왕국 분열

고대 역사의 주역들 _ 1세기의 세계 지도

전쟁 신의 후예, 로마

　로마인의 전설이 들려주기를, 로마의 시조 로물루스는 전쟁 신 마르스의 아들이라고 한다. 그는 늑대의 젖을 먹고 자랐고, 자기 숙부와 동생을 싸움으로 이기고 로마시를 건설했다.

　로마인은 과연 전쟁 신의 후예다운 사람들이었다. 전쟁과 정복에 능했으며 곳곳의 문화를 자기 것으로 흡수하는 데도 뛰어났다. 로마인은 이러한 기질을 발휘하여 지중해 전역을 아우르는 대제국을 건설하고 서양 문명의 기틀을 마련했다.

로[

카르타고

테오티우아칸 문명

테오티우아칸 ○

○ 티칼

○ 모체

○ 마링가

안데스 문명

한 무제, 유교로 나라를 일으키다

기원전 2세기 후반, 한나라의 황제 무제의 신하 중에는 동중서라는 유학자가 있었다. 그는 국가 경영에 대한 여러 학설이 난무하는 바람에 법령이 자주 변하고 백성이 혼란스러워하니 국론을 통일해야 한다고 주장했다. 그가 말한 통일의 무기는 유교였다.

황제는 이 의견을 받아들여 유학을 가르치는 학교를 설립하고 유교적 교양이 풍부한 사람만을 관리로 등용하도록 했다. 이렇게 뽑힌 사람들은 새로운 관료 집단을 이루어 권력의 중심 세력으로 떠올랐다. 황제는 이들을 기반으로 권력을 더욱 강화할 수 있었다.

비잔티움
아테네
안티오크
로마 제국
사마르칸트
크테시폰
쿠샨 왕조
둔황
알렉산드리아
파르티아
푸르샤푸라
고구려
장안
뤄양
삼한
샤카
마가다
한
쿠슈 왕국
메로에
안드라
칼링가
금릉
악숨
교지
악숨 왕국
부남

「화성행행도」 부분

2부
고려·조선과 중세 세계

중세는 토지를 매개로 지배, 피지배 관계가 성립했던 시기다. 유럽의 중세는 게르만족의 이동으로 시작되었다. 게르만족이 세운 프랑크 왕국이 쇠퇴한 이후에는 장원 제도를 기초로 봉건제가 확립되었다. 우리 역사에서는 고려 시대와 조선 시대가 중세에 해당하는데, 토지를 가진 지주가 토지를 빌린 소작인을 지배하는 시기였다.

중세의 국제 교류

'코리아'의 탄생과
세계 문명의 용광로 이슬람 문명

고려는 통일 신라 말기 후삼국의 분열을 극복하고 한반도를 통일했다. 안으로 여러 갈래의 전통을 하나로 묶어 실질적인 통일을 이룩하는 한편, 바깥 세계와도 활발한 교류를 펼쳤다. 당시 국제 교류를 주도하던 이슬람 상인들은 고려에도 왕래하며 '코리아'라는 이름을 서방 세계에 널리 알렸다.

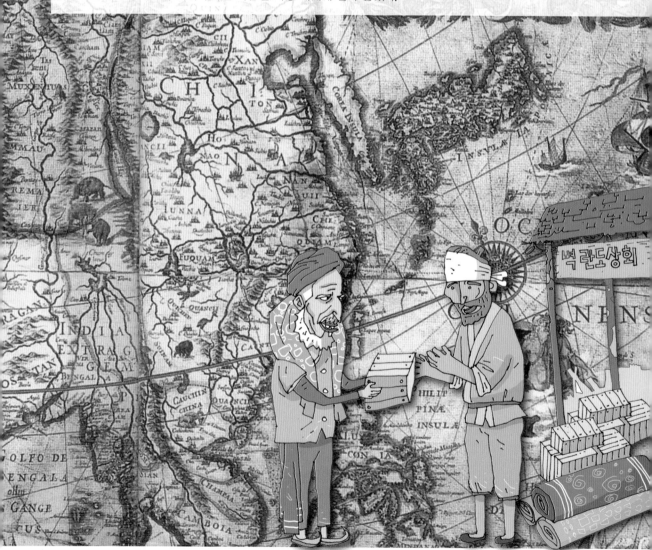

▲이슬람 상인과 고려인

배경 그림 요하네스 블라우의 지도첩(1686)_ 오늘날 우리나라를 가리키는 국제적인 호칭인 '코리아'는 고려 시대에 이슬람 상인들이 세계에 널리 알린 이름이었다. 이 지도에는 우리나라가 '코리아섬'으로 그려져 있는데 17세기까지는 지도가 정확하지 않아 고려가 섬나라로 그려졌기 때문이다.

2부 고려·조선과 중세 세계

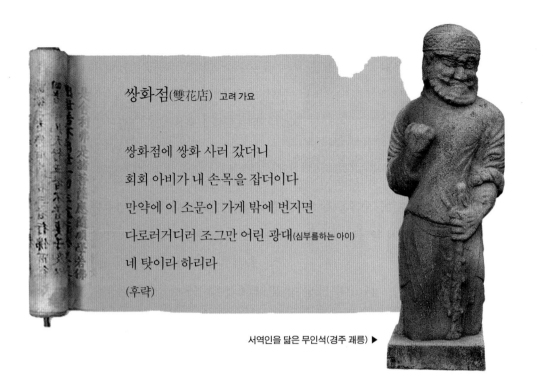

쌍화점(雙花店) 고려 가요

쌍화점에 쌍화 사러 갔더니
회회 아비가 내 손목을 잡더이다
만약에 이 소문이 가게 밖에 번지면
다로러거디러 조그만 어린 광대(심부름하는 아이)
네 탓이라 하리라

(후략)

서역인을 닮은 무인석(경주 괘릉) ▶

〈쌍화점〉은 고려 시대(918~1392)에 만들어져 불리던 노래다. 노래 제목인 '쌍화점'은 꽃이 두 개 달린 물건, 즉 만두를 파는 가게라는 뜻이다. 또 노래에 나오는 '회회 아비'는 이슬람교를 믿는 서역 사람을 뜻한다. 이슬람교를 보통 회교라고 불렀기 때문이다.

이런 노래가 유행할 만큼 고려에는 이슬람교도들이 많이 찾아왔다. 특히 원나라(1271~1368)의 간섭을 받은 고려 후기에는 이슬람교도가 더 많이 들어왔다. 몽골족이 세운 원나라는 이슬람인을 몽골인 다음으로 우대할 만큼 관계가 활발했기 때문이다. 이슬람인들은 사신이나 통역관 신분으로 고려에 왔다가 아예 정착해서 살기도 했다. 개경 인근 지역에 서역인 집단 거주지가 생겼을 정도다.

특히 고려의 국제 무역항인 벽란도에는 이슬람 상인이 많이 드나들었다. 그들은 고려를 '코리아'라고 부르며 서방에 널리 알렸다. 오늘날 세계인이 우리나라를 부르는 '코리아'라는 이름은 이렇게 해서 생긴 것이다.

고려가 우리에게 물려준 것은 코리아라는 국제적인 이름만이 아니다. 오늘날 우리 민족의 기본 틀도 바로 고려 때 만들어졌다.

통일 신라가 망해 가던 시기에 전국 각 지방에서

● 서역
근대 이전에 중국 서쪽의 중앙아시아, 인도, 서아시아 등을 가리키던 말.

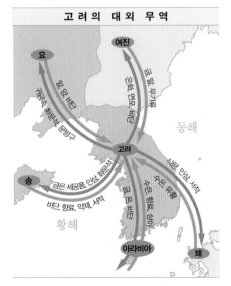

고려의 대외 무역

▲ 고려를 세우고 후삼국을 통일한 태조 왕건의 동상

는 호족이 성장하고 있었다. 호족은 군사력이나 경제력을 기반으로 각 지방을 통치했다. 중앙 정부의 통제력이 지방에는 전혀 미치지 못하던 상황에서 호족은 그 지역의 작은 왕과도 같았다.

전국 각지에서 일어난 호족들은 두 개의 나라로 통합되어 통일 신라와 맞섰다. 먼저 옛 백제 지역에서는 견훤(867~936)이 오늘날의 전주인 완산주를 중심으로 후백제(900~936)를 세웠다. 옛 고구려 지역에서는 궁예(?~918)가 지금의 강원도 철원을 중심으로 세력을 모았다. 궁예는 국호를 후고구려(901~918, 911년에 '태봉'으로 고침)라고 정했다. 이렇게 해서 옛 고구려, 옛 백제를 부활시킨다고 나선 두 나라가 통일 신라와 힘을 겨루는 후삼국 시대가 열렸다.

후백제, 후고구려가 나타난 900년, 901년은 옛 백제, 옛 고구려가 멸망한 지 200년 도 훨씬 지난 시점이었다. 견훤과 궁예는 왜 새로운 나라에 이 까마득한 옛 나라의 이름을 붙였을까? 통일 신라의 통치를 받고는 있었지만 아직도 자신의 조국 백제와 고구려를 그리워하는 사람들이 적지 않았던 것이리라.

후삼국 시대가 열린 것은 우리 조상들이 신라의 삼국 통일 이후에도 아직 하나가 되지 못했음을 의미한다. 고구려인, 백제인은 자기 나라가 신라에 통합되었다고 해서 자기 자신이 신라의 백성이 되었다고는 생각하지 않았다. 그들은 조국이 신라에 의해 멸망했다고 생각했다. 그래서 언젠가는 나라를 되찾겠다고 다짐했다.

물론 삼국 통일 이후 200년이 훨씬 넘는 세월 동안 옛 고구려, 백제, 신라의 사람들이 서로 조금씩 섞이기도 했다. 그러나 완전한 통합에 이르지는 못했다. 통일 신라의 지배력이 느슨해지자 옛날에 망한 고구려와 백제를 되찾자며 후고구려와 후백제가 출현한 것이다.

고려의 태조 왕건(877~943)은 후고구려를 세운 궁예를 몰아내고 왕이 되었다. 그리고 국호를 고려로 정했다. 고려는 고구려를 계승한다는 뜻이다. 즉 고려라는 국호는 고구려라는 지역적 한계를 넘어서지 못했음을 알 수 있다.

국호에는 한계가 있었지만, 고려는 우리 조상들이 하나의 민족으로 통합되는 기반을 마련했다. 각 지방에서 힘깨나 쓰던 호족 세력이 고려의 중앙 귀족이 되자, 자신이 신라와 백제의 후손이라는 의식이 점차 엷어졌다. 한때 경주를 중심으로 신라 부흥 운동이 일어나기도 했지만 별 호응을 얻지 못하고 끝났다. 즉 옛 신라 땅에 사는 사람도 고려를 자기네 나라로 생각하게 되었다는 뜻이다.

신라 부흥 운동을 끝으로, 우리나라 역사에 신라, 백제, 고구려의 후손을 자처하는 반란 세력은 더 이상 나타나지 않았다. 그러니까 진정한 삼국 통일은 고려 시대에 이루어진 셈이다. 이런 점에서 고려는 우리에게 코리아라는 대외적인 국호와 더불어 통합된 민족의식을 남겨 주었다고 평가할 수 있다.

그러면 이번에는 고려 시대에 일찌감치 우리나라의 대외 브랜드인 '코리아'를 세계에 널리 퍼뜨린 이슬람 사람들을 찾아가 볼 차례다.

● 국호 '고려'의 한계
'고려'라는 국호의 한계는 '조선'이라는 국호로 극복된다. '조선'에는 단군 조선을 계승한다는 의미가 들어 있다. 즉 고구려, 백제, 신라로 나뉘기 전까지 우리 민족은 하나였다는 뜻이다. 삼국으로 구별되어 있던 민족의식이 조선에 이르면 완전히 통합되었음을 알 수 있다.

▲ 배 무늬 청동 거울
거울 표면에 먼 바다로 떠나는 배가 새겨져 있어 고려의 해상 활동이 활발했음을 알려 준다.

▲ 청자 상감 모란문 표주박 모양 주전자
우리 선조들은 중국 문화의 영향을 받으면서도 자기만의 개성으로 독특한 도자기를 빚어냈다. 병 표면에 상감 기법으로 구름과 학, 모란을 새긴 12세기의 고려청자. 높이 34.4 센티미터, 국보.

중세의 국제 교류 – 이슬람 제국에서는

이슬람교는 불교, 크리스트교와 함께 세계 3대 종교의 하나다. 불교는 기원전 6세기경, 크리스트교는 기원 전후에 창시되었다. 이슬람교는 7세기에 창시되었으니 출발이 다소 늦었던 셈이다. 그런데도 이슬람교는 어떻게 해서 짧은 시간 안에 세계적인 종교로 부상할 수 있었을까?

이슬람교가 생겨난 곳은 아라비아반도의 메카다. 이슬람교가 생겨날 무렵, 홍해와 맞닿아 있는 메카는 새로운 교역로로 부상하고 있었다. 그 전까지는 중국 장안에서 파미르고원, 이란고원을 거쳐 지중해에 이르는 비단길이 동서 교류의 대동맥이었다. 그런데 6세기 들어 비단길에 문제가 생겼다. 비단길이 거쳐 가는 지역인 동로마 제국(비잔틴 제국)과 사산 왕조 페르시아가 끝도 없이 전쟁을 벌이는 탓에 상인들이 안심하고 이 길을 이용할 수 없었던 것이다.

이에 새롭게 발굴된 교통로가 바로 홍해를 거쳐 지중해로 가는 바닷길이다. 자연히 바다의 길목에 있는 메카가 상업적으로 발달하게 되었다. 그런데 당시 아라비아반도에 살고 있던 부족들은 저마다 자기네 신을 믿고 있었다. 그 때문에 부족들은 통일을 이루지 못하고 반목을 거듭했다.

이때 무함마드(마호메트)가 나타났다. 그리고 알라를 단 하나의 신으로 믿는 이슬람교가 탄생했다. 알라 앞에서는 누구나 평등하다는 가르침은 민중의 폭발적인 지지를 얻었다. 메카의 지배층은 이렇게 성장하는 이슬람 세력이 두려운 나머지, 무함마드가 사람들을

▲ 이슬람교의 창시자 무함마드의 설교 모습
청년 무함마드는 대상을 따라 시리아 등지를 왕래하다가 40살이 되던 해, 알라의 계시를 받고 이슬람교를 창시했다.

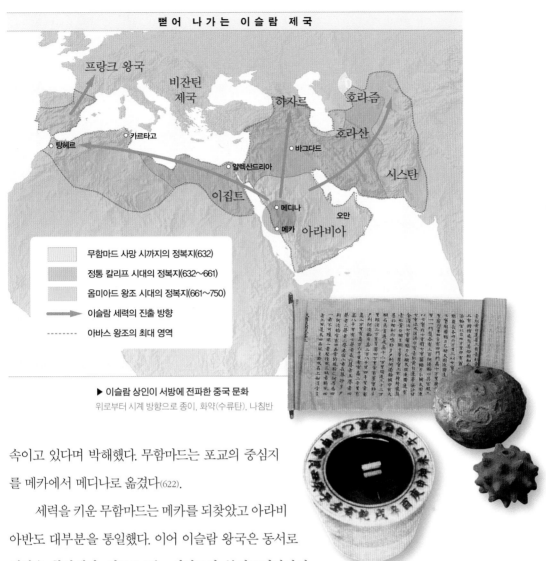

프랑크 왕국

비잔틴 제국

하자르

호라즘

호라산

카르타고

탕헤르

바그다드

시스탄

알렉산드리아

이집트

메디나

오만

메카 아라비아

무함마드 사망 시까지의 정복지(632)

정통 칼리프 시대의 정복지(632~661)

옴미아드 왕조 시대의 정복지(661~750)

이슬람 세력의 진출 방향

아바스 왕조의 최대 영역

▶ 이슬람 상인이 서방에 전파한 중국 문화
위로부터 시계 방향으로 종이, 화약(수류탄), 나침반

속이고 있다며 박해했다. 무함마드는 포교의 중심지
를 메카에서 메디나로 옮겼다(622).

세력을 키운 무함마드는 메카를 되찾았고 아라비
아반도 대부분을 통일했다. 이어 이슬람 왕국은 동서로
세력을 확장했다. 서쪽으로는 이집트와 북아프리카까지
진출하고, 동쪽으로는 사산 왕조 페르시아를 정복하여 대제국을 건설했다.

이슬람교가 짧은 기간에 세계 종교가 될 수 있었던 힘은 정치와 종교의 일치에서
찾아볼 수 있다. 이슬람 세력은 종교와 국가 조직을 하나로 결합하여 세력을 키웠다.
지금은 아니지만, 초기 이슬람교도들은 종교가 지배하는 하나의 나라를 세웠다. 기독교
나 불교에서는 볼 수 없는 현상이다.

이슬람교가 팽창할 수 있었던 또 다른 비결은 평등이다. 이슬람교에서는 알라와 인
간 사이에 어떤 매개체도 인정하지 않는다. 그래서 이슬람교에는 크리스트교의 목사나
불교의 승려에 해당하는 성직자가 따로 없다. 모든 신도가 신앙의 주체이다. 각 신도가

스스로 설교자가 된다면 좀 더 능동적으로 자신의 신앙을 실천하지 않겠는가? 동남아시아의 인도네시아와 말레이시아 지역에 이슬람교가 퍼지게 된 것도 이 지역을 왕래하던 이슬람 상인들이 열심히 가르침을 전파했기 때문이다.

너른 포용성 또한 이슬람교의 힘이다. 우리가 이슬람 세력을 무슨 테러 집단 정도로 생각하는 것과는 큰 차이가 있다. 이슬람교가 탄생한 지역은 전통적으로 문명의 용광로였다. 이슬람 문명은 앞서 살펴본 세계 4대 문명 중 메소포타미아 문명과 이집트 문명을 어버이로 삼아 태어났다.

그러나 이슬람은 여기에 만족하지 않았다. 지리적으로 동양과 서양의 가운데에 자리한 이슬람 문명은 동서 문화를 모두 받아들이며 성장했다. 이슬람 사람들은 서양으로부터 그리스, 로마의 온갖 서적을 들여와 아랍어로 번역했다. 정작 중세 유럽에서는 이런 고대 서적이 모두 사라졌다가 이슬람의 번역본들로 다시 유럽에 소개되면서 르네상스가 꽃피기도 했다.

동양으로부터는 인도인들이 발견한 '0'의 개념을 배워 지금 우리가 쓰는 아라비아 숫자를 완성했다. 그런가 하면 중국으로부터는 종이, 나침반, 화약 등을 받아들였다. 그뿐만 아니라 이러한 동양의 선진 문화를 서양에 전해 주는 우편배달부 역할도 했다. 한마디로 이슬람 문화는 세계 문화의 용광로이자 배달부였다.

이 시대 역사를 살펴보면서 이슬람에 대한 우리의 인식을 되돌아보는 게 어떨까? 중국, 일본 등 주변 나라하고만 교역하고 있던 고려를 더 넓은 세상에 알려 준 사람들이 바로 이슬람인이었다. 이슬람 문명은 동서양 사이에서 양쪽의 문명을 모두 받아들여

역사는
한국에서, 세계에서
흐른다

한국사 ➡

900년
견훤, 후백제 건국

901년
궁예, 후고구려 건국

918년
왕건, 고려 건국

926년
발해 멸망

936년
고려, 후삼국 통일

960년
중국, 송나라 건

622년
무함마드, 메카에서 메디나로 옮김

661년
옴미아드 왕조 성립(~750)

세계사 ➡

자기 것으로 만들었다. 이슬람이라는 용광로 안에서 융합된 동서양 문화는 다시 세계로 퍼져 나갔다. 이렇게 보면 이슬람교도들은 요즘 말하는 세계화를 가장 적극적으로 실천한 사람들이었다.

우리나라는 오랜 옛날부터 서역과 교류했다. 통일 신라 때는 비단길을 통해 많은 서역인이 경주까지 왕래하곤 했다. 고려 시대에는 바다를 통해 이슬람과 만났다. 안으로 여러 갈래의 전통을 하나로 통합한 고려는 밖으로 동서 문명의 배달부인 이슬람과 교류하면서 개방적이고 국제적인 문화를 가꾸어 나갔다.

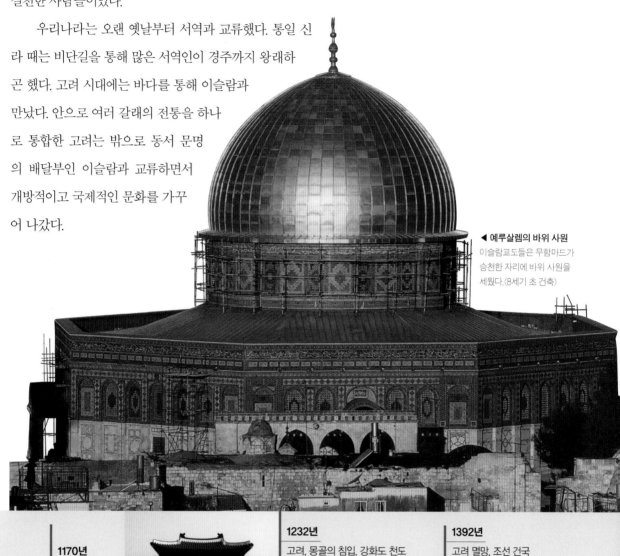

◀ 예루살렘의 바위 사원
이슬람교도들은 무함마드가 승천한 자리에 바위 사원을 세웠다.(8세기 초 건축)

1170년
고려, 무신 정권
(~1270)

1232년
고려, 몽골의 침입, 강화도 천도

1392년
고려 멸망, 조선 건국

1127년
북송 멸망, 남송 시작

1192년
일본, 가마쿠라 막부 성립

1309년
교황, 아비뇽에 유폐됨

1206년
칭기즈 칸
몽골 통일

02

중세의 봉건 영주 제도

무신 정권과 세계의 무사들

고려에서는 1170년 무신들이 들고일어나 정치 권력을 잡았다. 중세에는 이렇게 무신들이 정권을 잡는 일이 가까운 일본과 먼 서유럽에서도 나타났다. 우리나라에서는 무신 천하가 100년 만에 막을 내린 반면 일본과 서유럽에서는 무사들의 득세가 수백 년 동안 이어졌다.

▲ (왼쪽부터) 중세 유럽의 기사, 일본의 사무라이, 고려 무사

배경 사진 강화산성_ 지금 보이는 돌성은 조선 시대에 다시 쌓은 것이다. 고려 시대에 처음 지은 강화산성은 벽을 세 겹으로 두른 흙성이었다.

인천시 강화도에는 고려 시대에 쌓은 산성 자리가 있다. 고려는 1232년 몽골의 침입을 맞아 수도를 개경에서 강화도로 옮기고 이 성을 쌓았다. 세계 제국이던 몽골에 굴복하지 않고 수도를 옮기면서까지 저항을 계속하기로 결정한 것은 당시 고려의 최고 권력자였던 최우(?~1249)를 위시한 무신 세력이었다.

무신들이 권력을 잡게 된 계기는 1170년에 일어난 무신 정변이었다. 무신들이 들고일어나 왕과 문신들을 죽인 끔찍한 사건이었다. 무신들이 왜 이런 정변을 일으켰느냐고? 그들이 그때까지 고려 사회에서 어떤 대우를 받았는가를 알아보면 그 이유를 찾을 수 있다.

고려는 호족이 세운 국가였다. 우리가 잘 아는 태조 왕건은 바로 이 호족들의 대표였다. 하지만 왕건은 전국의 호족을 완전히 제압하지는 못했다. 신생 국가 고려가 안정기에 접어든 것은 고려의 네 번째 왕인 광종(재위 949~975)이 실시한 개혁 조치를 통해서였다. 당시 호족 세력은 노비로 이루어진 개인 군대를 바탕으로 하고 있었다. 이때 광종이 불법으로 노비가 된 사람들을 다시 양인으로 돌려놓았다.

호족은 군사적 기반을 잃었고 그제야 하는 수 없이 고려의 신하가 되었다. 그들은 자신들의 세력 기반이었던 출신 지역을 떠나 수도 개경으로 가서 귀족으로 변신했다. 이들은 왕족과 혼인을 맺거나 귀족끼리 결혼하는 식으로 가문을 이어 갔다. 가문을 중시했다고 해서 이들을 문벌 귀족이라 부른다.

문벌 귀족에게는 특권이 많았다. 그중에서도 음서와 공음전이 대표적이었다. 음서란 아버지가 5품 이상의 높은 자리에 있으면 그 아들도 자동으로 관리가 되는 제도였다. 공음전이란 5품 이상의 귀족에게 공짜로 주는 땅이었다. 그러니 아버지가 귀족이면 자식도 대를 이어 귀족이 되었다.

그러나 특권을 대물림하는 문벌 귀족 사회는 부패하기 시작했다. 이자겸의 난(1126), 묘청의 난(1135) 같은 권력 다툼이 일어나 나라를 뒤흔들었다. 이렇게 귀족이 제 구실을 못 하는 동안, 그들의 들러리에 머무르던 무신들은

● 광종의 개혁 조치
왕건은 호족을 제압하지 못하고 그들과 타협했다. 그러나 광종은 호족과 적극적으로 대결하면서 호족의 기반인 노비를 없애고, 과거제를 실시하여 능력을 기준으로 인재를 등용했다. 이 개혁 조치를 통해 비로소 고려의 국가 기반이 탄탄해질 수 있었다.

● 이자겸의 난
왕의 장인인 이자겸이 스스로 왕이 되려고 일으킨 반란.

● 묘청의 난
이자겸의 난 이후 민심이 흉흉해지자 서경 출신인 묘청은 수도를 서경으로 옮기려고 했다. 묘청은 천도 운동이 실패하자 반란을 일으켰다.

◀ 고려 무사의 갑옷
쇳조각, 쇠고리를 연결해 만든 경번갑주(전쟁기념관 전쟁역사실 1 소장).

불만이 이만저만이 아니었다. 문신인 문벌 귀족에 비해 대우가 변변찮았기 때문이다.

고려의 과거 시험에는 무과가 없었다. 그래서 문신들은 과거를 보지 않은 무신들을 무식하다며 업신여겼다. 문벌 귀족은 무신들을 자기 경호원쯤으로 여겼다. 이런 차별 때문에 무신들이 들고일어난 사건이 바로 무신 정변이다. 무신들은 그동안 쌓인 불만을 한꺼번에 터뜨리며 문벌 귀족을 숙청했다. 그다음에는 자기들끼리 서로 정권을 잡겠다고 피를 흘렸다. 죽고 죽이는 혼란이 계속되었다. 마침내 이러한 혼란이 사그라들고 무신 정권이 안정을 찾기 시작한 것은 최충헌(1149~1219, 최우의 아버지)이라는 무신이 정권을 잡으면서부터였다.

무신 집권기에도 왕은 있었지만 나라의 중요한 일은 무신 집권자의 손에서 결정되었다. 최충헌은 자기 뜻대로 왕을 교체할 만큼 권력이 막강했다. 최충헌은 정권을 잡은 뒤 교정도감이라는 기구를 만들어 정치를 했다. 그리고 **도방과 삼별초**라는 군사력을 기반으로 반대파를 제압했다. 그러나 무신 정권 아래 일반 백성의 삶은 조금도 나아지지 않았다. 정권이 자주 바뀌어 정치는 불안했고, 무신들은 문벌 귀족이 하던 것 이상으로 세금을 많이 거두었다. 한마디로 문벌 귀족이 누리던 특권이 고스란히 무신 손으로 넘어갔을 뿐, 근본적인 변화는 전혀 없었던 것이다.

그런데 재미있는 사실이 있다. 무신이 득세한 고려 시대와 때를 같이하여 유럽과 일본에서도 무사들이 권력을 차지하거나 나누어 갖는 현상이 나타났다는 것이다. 영화나 소설의 주인공으로 인기가 많은 유럽의 기사와 일본의 사무라이가 바로 중세의 무인 권력자들이었다.

외국의 무사 권력은 고려의 무신 정권과 닮은 점도 있지만 다른 점도 많았다. 고려에서는 권력이 문신 손에서 무신 손으로 넘어갔을 뿐 중앙 집권적 국가 체제에는 변함이 없었다. 반면 유럽과 일본에서는 무사들이 각 지방을 차지하여 권력을 나누어 갖는 지방 분권 체제가 나타났다. 또 힘센 무사가 약한 무사에게 땅을 주고 그 대가로 충성을 약속받는 주종 관계도 나타났다.

중세에는 무슨 이유로 무사들이 정치를 하는 현상이 세계 곳곳에서 나타났을까? 그리고 각 나라의 특징은 어떤 결과로 이어졌을까? 이 문제를 살펴보기 위해 우리는 중세 일본과 유럽으로 떠난다.

● **도방과 삼별초**
도방은 최씨 정권의 사병 집단이고, 삼별초는 치안을 유지하는 군대였다. 최씨 정권은 이 두 가지 군사력을 기반으로 60년간 권력을 행사했다.

◀ **공민왕릉을 지키는 고려 무인석**

중세의 봉건 영주 제도 - 세계에서는

유럽에서 중세의 문이 열린 것은 476년, 게르만족의 대이동으로 서로마 제국이 멸망한 순간이었다. 그리고 게르만족은 서유럽에 프랑크 왕국을 세웠다. 이 왕국이 9세기 말에 동프랑크, 서프랑크, 중프랑크로 갈라져서 지금의 독일, 프랑스, 이탈리아의 기원이 되었다.

이 무렵 서유럽은 매우 혼란스러웠다. 프랑크 왕국은 분열되고, 아래쪽에서는 이슬람 세력이 공격해 오고, 위쪽에서는 게르만족의 일파인 노르만(바이킹)족이 쳐들어왔다. 이런 혼란기에 중앙 정부는 백성을 보호할 힘이 없었다. 그러자 각 지방의 세력가들이 스스로 무력을 키우기 시작했다.

이렇게 무력을 다진 지방 세력가들은 싸움을 직업으로 하는 전사 계급이 되었다. 이들이 바로 우리가 말하는 중세 기사다. 이들 전사 계급 중에는 세력이 큰 전사도 있고 그에 비해 힘이 없는 전사도 있었다. 세력이 약한 전사는 세력이 강한 전사에게 충성을 맹세했고, 강한 전사는 그 대가로 약한 전사에게 토지를 선물했다.

이 둘의 관계에서 힘센 전사를 주군, 약한 전사를 봉신이라고 부르고, 주군이 봉신에게 준 토지는 봉토라고 한다. 중세 서유럽 정치의 기본 틀은 이와 같은 주군과 봉신의 관계 즉, 봉건 제도였다. 이때의 왕은 힘센 전사 중의 하나일 뿐이었다. 그러므로 중세의 왕권은 다른 시대에 비해 약했다.

▲ 노르만족 전사　　　▲ 이슬람 전사　　　▲ 고려 무사　　　▲ 일본 무사

노르만족의 이동 경로

노르만족의 침입지
국명　노르만족이 세운 나라
➡　노르만족의 침입로

노르웨이 왕국
스웨덴 왕국
노브고로드 공국
노르만족의 원주지
노브고로드
노르만 왕조
키예프 공국
런던
동프랑크 왕국
키예프
하자르 왕국
노르망디 공국
서프랑크 왕국
베네치아
후옴미아드 왕조
이탈리아 왕국
나폴리 왕국
코르도바
로마
콘스탄티노플
비잔틴 제국
튀니스
시칠리아 왕국
이슬람 제국

힘센 전사도 약한 전사도 각자 자기 땅을 소유하고 다스렸다. 물론 왕처럼 힘센 전사는 많은 토지를 소유하고 약한 전사는 적은 토지를 소유했다. 이 토지를 장원이라고 하고, 장원의 우두머리 전사를 영주라고 불렀다.

영주는 높은 성에 살면서 자기 땅을 경작하는 농민을 다스렸다. 이들 중세 유럽의 농민을 농노라고 한다. 이들은 자유민이 아니었다. 고대의 노예와는 다르게 결혼을 해서 가정을 꾸릴 수도 있었고, 재산도 조금이나마 소유할 수 있었다. 하지만 마음대로 이사를 할 수 없었고 일주일에 3일 정도는 의무적으로 영주의 땅을 경작해야 했다.

영주가 다스린 장원은 하나의 나라와 같았다. 힘센 영주는 약한 영주에게 땅을 선물했지만, 약한 영주의 장원 일에는 전혀 간섭하지 않았다. 즉 장원을 다스리는 영주는 각자 자신의 장원에서 재판도 하고 세금도 걷으면서 왕 노릇을 했던 것이다.

그러면 이번에는 중세 일본으로 눈을 돌려 보자. 일본은 4세기경 야마토 정권(3세기 말~7세기 중엽)부터 점차 통일 국가의 모습을 띠어 갔다. 7세기 중엽에는 중국 당나라의 선진 문물을 받아들여 다이카 개신을 실시했다. 일본은 이 개혁으로 강력한 중앙 집권 체제를 다지고 번영을 누렸다.

그런데 10세기경부터 왕권이 점차 약해지고 사회가 흔들렸다. 유럽에서처럼 각 지방의 귀족, 호족들이 각자 소유지를 넓혀 장원을 만들었다. 그리고 장원을 지키기 위해 무사들을 키웠다. 이후 이 무사들이 강력한 세력으로 성장했다. 드디어 1192년, 미나모토 요리토모(1147~1199)라는 힘센 무사가 전국의 귀족과 무사를 제압하고 가마쿠라 막부(1192~1333)를 열었다.

이후 700여 년간 일본에는 막부 시대가 이어졌다. 이때도 왕은 있었지만 사실상의 통치권은 가장 힘센 장군인 쇼군에게 있었다. 중세 유럽의 봉건 제도처럼 쇼군은 무사

● **다이카 개신**
야마토 정권은 645년 중국에 사신과 유학생, 승려 등을 파견하여 당나라의 문화를 받아들였다. 일본 역사에서 다이카 개신은 1868년 서양식 근대화를 이룩한 메이지 유신과 견줄 만한 정치적 개혁이었다.

일본과 서유럽의 무사들

◀ 가마쿠라 막부의 쇼군 미나모토 요리토모　▲ 미나모토가와 다이라가의 전투

반란을 일으킨 미나모토가와 왕당파 다이라가의 전투 중에 교토 왕궁이 불타고 있는 장면(1183). 미나모토가의 요리토모는 긴 싸움 끝에 1185년 헤이안 시대를 끝내고 가마쿠라 막부를 열었다.

▲ 프랑스 바이외의 태피스트리(1077)의 부분

1066년 노르만족의 정복왕 윌리엄은 바다 건너 잉글랜드의 왕 해럴드를 격파하고 잉글랜드에 노르만 왕조를 세웠다. 사슬 갑옷과 가죽신을 신고 말을 탄 노르만족 무사들이 뿔뿔이 도망쳐 가는 앵글로 색슨족을 쫓고 있다. 천의 아랫부분에는 싸움 중에 목숨을 잃고 갑옷이 벗겨진 사람들과 잘린 팔다리가 널려 있다.

들에게 토지를 나눠 주고 무사들은 쇼군에게 충성을 맹세했다. 우리가 아는 사무라이가 바로 이 무사들이다.

유럽과 일본의 봉건 제도는 힘센 무사가 약한 무사에게 땅을 선물하면서 시작되었다. 약한 무사는 그 대가로 충성을 맹세했다. 그리고 각 무사들은 자기 땅에서 영주가 되어 그 땅을 독립적으로 다스렸다. 따라서 이 시대 권력은 중앙에 모여 있는 중앙 집권이 아니라 각 영주에게 분산되어 있는 지방 분권이었다.

우리나라 역사에서 무신 정권이 등장하는 것은 12세기 후반(1170)이었다. 서양에서는 10세기 무렵부터 전사 계급이 사회를 지배하기 시작했고, 일본에서는 우리보다 조금 늦은 12세기 말에 무사 시대가 열렸다. 이처럼 여러 곳에서 거의 비슷한 시기에 무사가 사회의 지배층이 되었으나 그 지속 기간은 지역마다 다르다. 고려의 무신 정권은 딱 100년 만에 끝이 났다. 그러나 서양에서는 600여 년, 일본에서는 700여 년 동안이나 지속되었다.

또한 고려의 무신 정치는 유럽이나 일본 같은 지방 분권 형태가 아니라 중앙 집권 체제였다. 토지를 주고받는 관계로 맺어지는 무사들 간의 주종 관계도 없었다. 그리고 이러한 특징은 조선 시대의 문신 정치로 고스란히 이어진다.

역사는
한국에서, 세계에서
흐른다

한국사 ▶

918년
왕건, 고려 건국

936년
고려, 후삼국 통일

956년
광종, 노비안검법 실시

958년
광종, 과거제 실시

907년
당 멸망

960년
송 건국

962년
오토 1세, 신성 로마 제국의 황제 대관

세계사 ▶

● 에스파냐의 코카 성 (15세기 건축)

중세 영주들은 자신의 토지와 농민을 보호하기 위해 방어벽을 단단히 쌓고, 그 주위로 해자를 팠다. 지금도 유럽 곳곳에서 중세 성의 흔적을 발견할 수 있다.

1126년
이자겸의 난

1135년
묘청의 서경 천도 운동

1170년
무신 정변

1196년
최충헌 집권

1198년
만적의 난

1232년
강화 천도

1270년
개경으로 환도
무신 정권 붕괴

1096년
십자군 전쟁(~1270)

1192년
일본, 가마쿠라 막부 세움

1206년
칭기즈 칸, 몽골 통일

03

몽골 세계 제국의 시대

'자주국' 고려와 세계 제국 원

고려는 고구려를 계승했다는 자부심을 품고 황제국을 자처할 만큼 자주적인 국가를 운영하고자 노력했다.
그러나 13~14세기 세계를 호령한 몽골 제국은 고려도 가만히 내버려두지 않았다. 고려는 몽골의 침략에 용감히
맞서 싸우고 주권을 지켰으나 몽골의 간섭을 피할 수는 없었다.

▲ 세계를 정복한 몽골 제국과 맞서 싸운 고려
배경 사진 개성의 공민왕릉_ 왼쪽 무덤이 공민왕의 무덤이고 오른쪽 무덤은 왕비의 능.
무덤 양쪽에 문인석상과 무인석상이 줄지어 서 있다.

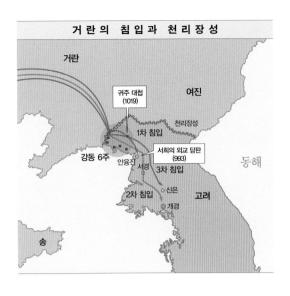

거란의 침입과 천리장성

거란

여진

귀주 대첩 (1019)

천리장성

1차 침입

서희의 외교 담판 (993)

강동 6주

안융진 서경

3차 침입

동해

신은

2차 침입

개경

고려

송

왼쪽 바탕 사진은 고려 후기의 개혁 군주로 꼽히는 공민왕(재위 1351~1374)의 무덤이다. 그는 고려가 원나라(1271~1368년, 몽골이 중국을 정복하고 세운 왕조)의 간섭을 받던 시기에 태어나 여느 고려 왕들처럼 원나라에 가서 원나라 공주와 결혼하고 돌아와 왕위에 올랐다. 그에게는 바얀테무르라는 몽골식 이름도 있었다.

몽골족은 원나라를 세우기 전인 1231년부터 고려를 침략했다. 1259년에는 강화를 맺고 고려를 간섭하기 시작했다. 그러다가 공민왕 때에 이르러 원나라가 쇠퇴의 기미를 보이자 공민왕은 이때다 하며 자주 정책을 추진했다. 그러나 불행히도 그는 반대 세력에 의해 암살당하고 말았다.

고려는 몽골족 이전에도 유난히 외적의 침입을 자주 겪었다. 맨 먼저 고려를 침략한 세력은 거란족이었다. 그들은 중국 북부에 요(916~1125)라는 큰 나라를 세우고 고려와 이웃이 되었다. 하지만 고려는 중국 남부의 한족 국가인 송나라(960~1279)하고만 친하게 지냈다.

중국 전체를 놓고 송나라와 힘을 겨루던 요나라는 고려가 걱정이었다. 요나라가 송나라와 전쟁을 벌이는데 송과 친한 고려가 뒤에서 협공을 가해 올지 모르기 때문이었다. 그래서 요나라는 고려 태조 왕건(재위 918~943)에게 친하게 지내자며 사신 편에 낙타를 선물로 보내기도 했다. 그래도 고려는 요나라를 좋아하지 않았다.

고려는 고구려를 계승하겠다는 생각이 굳건한 나라였다. 고구려 영토를 되찾기 위해 요나라와 전쟁을 벌일 마음까지 품고 있었다. 그러니 요나라의 사신과 선물이 반가울 리 없었다. 왕건은 요의 사신들을 귀양 보내고 낙타는 다리 밑에서 굶겨 죽였다.

결국 요나라는 송나라와 전쟁을 벌이기 전에 먼저 고려를 굴복시키려고 쳐들어왔다. 그 첫 번째 침략은 서희(942~998)가 막아 냈다. 서희는 요나라 장수 소손녕에게 강동 6주를 주면 친하게 지내겠다고 약속했다. 그러나 고려는 요나라가 강동 6주를 넘기고 물러나자 그런 약속은 없었다는 듯 시치미를 떼는 작전을 펼쳤다.

이에 화가 난 거란은 두 번 더 쳐들어왔다. 3차 침입 때는 강감찬(948~1031)이 귀주 대첩으로 침략군을 격퇴했고 이후 고려와 요나라, 송나라는 세력 균형 상태에 들어갔다.

● 공민왕의 자주 정책
공민왕은 권문세족을 제거하고 원나라의 간섭에서 벗어나려 했으나 개혁을 뒷받침해 줄 신진 사대부 세력이 미약하여 개혁이 실패하고 말았다.

고려는 요나라의 침입에 대비하여 압록강부터 도련포까지 천리장성을 쌓았다. 이전 2차 침입 때는 부처님의 힘으로 침입을 막고자 대장경을 새기기도 했다. 이것이 고려의 첫 번째 대장경이었는데, 안타깝게도 나중에 몽골이 침입했을 때 불에 타 사라지고 말았다.

요나라는 여진족이 세운 금나라(1115~1234)에 멸망당했다. 금나라는 고려에 신하의 나라가 되라고 압박해 왔다. 이때 고려의 지배층인 문벌 귀족은 금나라의 요구대로 그들의 신하가 되었다. 하지만 금나라는 얼마 못 가 몽골에 멸망당했다.

몽골은 처음부터 고려에 많은 공물을 요구했다. 그러나 고려는 몽골에 고분고분하지 않았다. 무신정변을 통해 고려의 지배자가 된 무신들은 수도를 강화도로 옮기면서까지 몽골에 대항했다. 여기에는 초원 지대에서 자란 몽골족이 기마전에는 강하지만 아무래도 물에서의 싸움에는 약할 것이라는 판단이 한몫을 했다.

그러나 몽골이 해상 싸움에 약해서 고려를 점령하지 못했다는 말은 과장일 것이다. 몽골이 고려를 침략한 이유는 요나라가 고려를 침략한 사정과 비슷했다. 고려가 송나라와 연합 작전을 펴지 못하게 막겠다는 것이었다. 그래서 가끔씩 고려에 침입해 겁을 주었다. 세계 제국 몽골이 있는 힘을 다해 공격을 퍼부었다면 과연 고려가 끝까지 버틸 수 있었을까?

그렇다고 고려의 저항을 과소평가할 수는 없다. 몽골은 여섯 번에 걸쳐 침략해 왔지만 고려는 결코 항복하지 않았다. 또한 무조건 항복이 아니라 강화 조약을 통해서 몽골과의 전쟁을 마무리 지었다. 몽골은 고려 왕이 원나라 황제의 사위가 되는 조건으로 국호도 고려 그대로 쓰게 했고, 고려의 제도와 풍속도 그대로 놓아두었다. 고려처럼 크지 않은 나라가 유라시아를 휩쓴 몽골에 맞서 이만큼의 자주성을 유지한 것은 대단한 일이다.

고려인은 요나라 침입 때처럼 몽골 침입 때도 대장경을 새겼다. 이것이 바로 우리의 문화유산 고려 대장경으로 1236년부터 1251년까지 16년에 걸쳐 제작된 것이다.

◀ 몽골 침입으로 소실된 문화재
신라의 황룡사 9층 목탑(디지털 복원 모형)

고려인들은 대체 왜 대장경을 새겼을까? 그들은 요나라 침입 때 대장경을 만든 덕분에 요나라 군대가 물러갔다고 생각했다. 그래서 몽골이 침략하자 다시 한번 대장경을 만들어 몽골군이 물러가기를 빌었던 것이다.

대장경을 만들면 부처님이 도와 적군이 물러난다는 것은 물론 믿기 힘든 일이다. 그러나 이 믿음을 중심으로 대장경 사업을 벌이는 과정에서 백성들의 단결심을 고취하는 효과가 있었으리라는 것은 쉽게 짐작할 수 있다. 또한 그 결과 몽골이 침략하는 어려운 시기에 우리의 귀중한 문화재가 탄생했다.

그렇다면 이번에는 고려의 역사에 깊은 자취를 남긴 몽골이 언제 어떻게 세계 제국의 자리에 올랐으며, 몽골 제국 지도에서 고려는 어떤 자리를 차지하고 있었는지 알아볼 시간이다.

몽골 세계 제국의 시대 – 유라시아에서는

몽골을 세계 역사상 가장 거대한 제국으로 만든 인물은 바로 칭기즈 칸(1162~1227)이다. 다음 장 지도를 보면 몽골 제국의 영토가 얼마나 거대했는지 알 수 있다. 오늘날 세계

▲ 칭기즈 칸
몽골 씨족 연합의 우두머리가 된 후 몽골 제국을 건설한 인물. '칭기즈'란 '광명의 신'을 '칸'은 '우두머리'를 뜻한다.

최대 영토를 보유한 러시아보다도 훨씬 더 컸다.

아시아 북부의 초원 지대에는 일찍부터 여러 유목민이 살고 있었다. 그곳에는 고려 시대만 헤아려도 거란, 여진, 몽골족 등의 유목 민족이 있었다. 기원전 3세기에는 흉노족, 6세기 무렵에는 돌궐족, 8세기 무렵에는 위구르족 등도 있었다.

유목민은 목초지를 따라 이동하면서 천막을 치고 생활한다. 이들은 소, 양, 말 등 가축을 이용하여 모든 것을 해결해야 한다. 음식과 옷, 주택의 재료도 모두 가축으로부터 얻는다. 때때로 농경민과 교역을 해서 부족한 의식주를 채우기도 하지만, 교역보다는 약탈이 더 손쉬운 법이다. 그리하여 말을 타고 싸우는 유목민 전사들이 등장했다.

북쪽의 유목민들은 기병을 중심으로 군사력을 다지면서 수시로 중국을 침략했다. 앞에서 살펴본 대로 거란족의 요나라는 송나라와 고려를 압박했다. 이후 여진족의 금나라가 요나라를 없애고 한족의 송나라를 공격하여 화북 지역을 차지했다. 송나라가 창장강 남쪽으로 밀려난 이 시기를 남송 시대라고 부른다. 그리고 13세기에 들어서면 몽골고원에 생긴 몽골 제국이 일취월장하여 큰 변화를 몰고 온다.

몽골족은 원래 몽골고원 여기저기에 흩어져 살고 있었다. 그러던 중 테무친이라는 영웅이 나타나 부족을 통일하고 1206년 칭기즈 칸에 추대되어 제국을 세웠다. 이후 몽골족은 뛰어난 기병을 앞세워 영토를 정복해 간다. 몽골은 중앙아시아를 거쳐 인더스강까지 점령했으며 여진족의 금나라를 멸하고 고려도 복속시켰다. 또 남러시아를 거쳐 헝가리까지 진출했으며, 서아시아의 아바스 왕조도 멸망시켰다. 13세기 말, 몽골은 마침내 송나라까지 멸망시키고 유목민으로는 최초로 중국 전체를 호령하게 되었다. 이들이 중국에 세운 나라의 이름이 원나라다.

몽골이 이런 세계 제국을 건설할 수 있었던 비밀은 역시 기병이었다. 몽골군 병사 한 사람이 하루에 이동하는 거리는 70킬로미터에 육박했다. 또 말 탄 병사들이 쏘는 활은 사거리가 100미터가 넘을 정도였다. 이런 기병이 10명, 100명, 1,000명 단위로 편성되어 칸의 명령에 따라 일사불란하게 전투를 수행했다. 몽골 기병 앞에서는 세계의 그 누구도 적수가 되지 못했다.

몽골 세계 제국의 영토와 문화

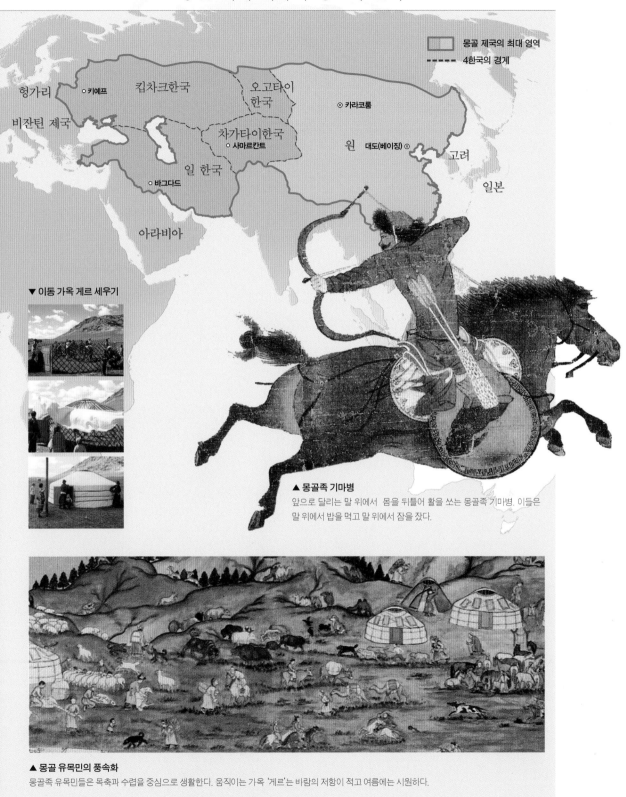

□ 몽골 제국의 최대 영역
---- 4한국의 경계

헝가리

비잔틴 제국

○ 키예프

킵차크한국

오고타이
한국

◎ 카라코룸

차가타이한국
○ 사마르칸트

일 한국

원 대도(베이징) ◎

고려

일본

○ 바그다드

아라비아

▼ 이동 가옥 게르 세우기

▲ 몽골족 기마병
앞으로 달리는 말 위에서 몸을 뒤틀어 활을 쏘는 몽골족 기마병. 이들은
말 위에서 밥을 먹고 말 위에서 잠을 잤다.

▲ 몽골 유목민의 풍속화
몽골족 유목민들은 목축과 수렵을 중심으로 생활한다. 움직이는 가옥 '게르'는 바람의 저항이 적고 여름에는 시원하다.

▲ 몽골의 실패한 원정
일본 병사가 몽골 함선을 급습하는 장면을 그린 「몽골습래회사」의 부분. 세계 제국 몽골은 섬나라 일본에 두 차례 원정을 나섰지만 조선·항해 기술 부족과 강풍 피해로 실패했다.

세계 제국 몽골은 모든 영토를 직접 다스리지는 않았다. 칭기즈 칸이 죽은 뒤 몽골의 관습에 따라 자손들이 영토를 나눠 가지면서 4개의 한국(칸이 다스리는 나라)이 출현했다. 물론 중국, 몽골, 만주 지역은 직접 다스렸다.

중국에 세운 원나라는 몽골 세계 제국의 중심지였다. 원나라는 다른 문화에 열린 태도를 취했다. 이들은 이슬람 세계로부터 자연 과학, 건축, 미술 등 다양한 문화를 받아들였다. 크리스트교, 라마교 등이 중국에 전해진 것도 원나라 때였다.

마지막으로 다시 한번 75쪽의 몽골 제국 지도를 들여다보자. 유라시아 대륙을 통째로 지배하던 몽골의 영토에서 조그만 고려가 빠져 있다. 신기한 일, 아니 자랑스러운 일이다. 우리가 세계 제국 몽골의 지도에서 고려를 구분할 수 있는 것은 다름 아닌 고려인의 강력한 저항 덕분이다. 비록 크지 않은 나라에 살고 있었지만 강인했던 우리 조상의 생명력이 확인되는 순간이다.

물론 원나라의 간섭을 받으며 고려인이 감내해야 했던 치욕을 잊어서는 안 된다. 원나라는 고려의 왕을 마음대로 교체했으며, 고려는 원에 공물을 보내야 했다. 이런 관계를 청산하려는 시도가 공민왕의 자주 정책이었다. 비록 권문세족의 방해로 성공하지는 못했지만, 고려의 자존심이 살아 있음은 충분히 보여 주지 않았던가?

역사는
한국에서, 세계에서
흐른다

한국사 ➡

1170년
무신 정변

1231년 몽골의 1차 침입
1232년 강화 천도
1234년 금속 활자로 『상정고금예문』 간행
1236년 고려 대장경 새김(~1251)

1192년
일본, 가마쿠라 막부 세움

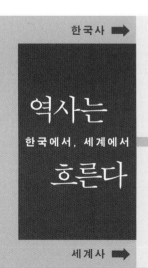

1206년
칭기즈 칸, 몽골 통일

세계사 ➡

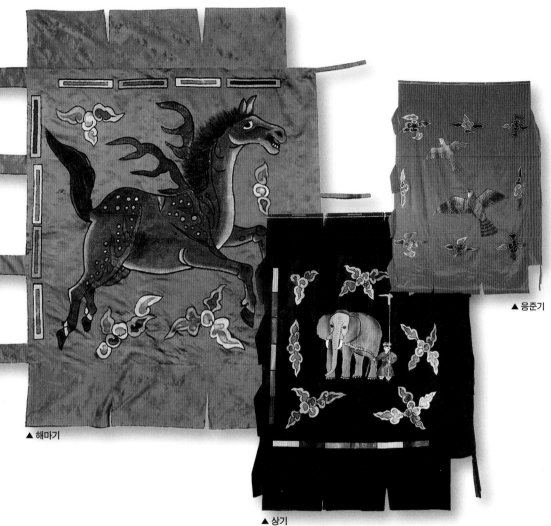

● **고려 군대의 깃발** 전쟁기념관 전쟁역사실 1 소장

▲ 해마기

▲ 상기

▲ 응준기

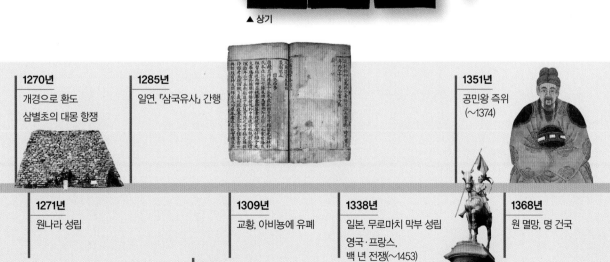

1270년
개경으로 환도
삼별초의 대몽 항쟁

1271년
원나라 성립

1285년
일연, 『삼국유사』 간행

1299년
오스만 제국 성립(~1922)

1309년
교황, 아비뇽에 유폐

1338년
일본, 무로마치 막부 성립
영국·프랑스,
백 년 전쟁(~1453)

1351년
공민왕 즉위
(~1374)

1368년
원 멸망, 명 건국

04

중세 동아시아의 국제 질서

'제후국' 조선과 '황제국' 명

한족의 명나라가 몽골족의 원나라를 무너뜨리고 중국의 주인이 될 무렵, 한반도에서도 왕조 교체가 일어나 조선이 들어섰다. 조선은 명나라를 큰 나라로 섬기고 다른 나라와 친하게 지내는 사대교린 정책을 썼다. 중국을 중심으로 하는 중세 동아시아 국제 질서가 가장 안정된 모습을 보인 시기였다.

▲ **명나라 황제와 조선의 임금**

배경 그림 중국 명나라의 자금성_ 자금성이란 천자가 거처하는 별자리 '자금'에서 유래했다. 현재 중국의 수도 베이징시의 중심부에 자리하고 있다.

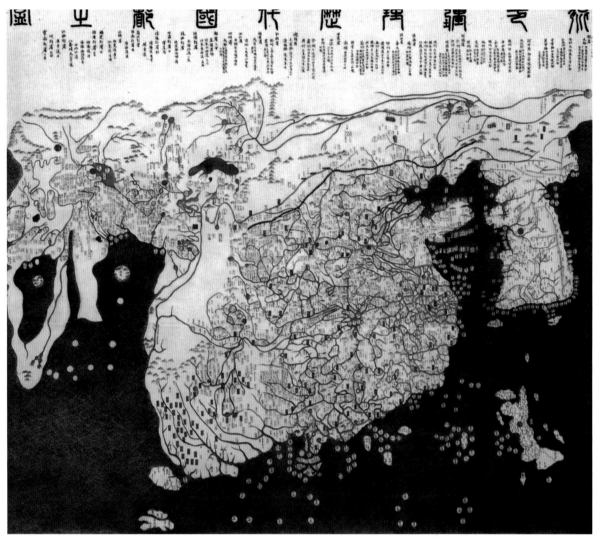

▲ 「혼일강리역대국도지도」
원나라에서 만든 「성교광피도」와 조선에서 만든 「역대제왕 혼일강리도」를 합친 세계 지도. 요동의 동쪽 부분을 많이 생략하고 거기에 조선을 그려 넣었다.(1402년 제작)

위는 조선 초기 태종(재위 1400~1418) 때 만들어진 세계 지도다. 그런데 좀 이상하다. 언제 중국이 전 세계의 4분의 3이나 되었던가? 우리나라도 무려 아프리카 대륙과 유럽을 합한 정도의 크기다. 아메리카 대륙은 아예 찾아볼 수 없다. 조선 시대 사람들이 머릿속에 그린 세계는 정말 이런 모습이었을까? 당시 조선 사회의 세계관, 외교관을 살펴본다면 이 의문이 풀릴 듯하다.

조선은 1392년 이성계(1335~1408)가 세운 나라다. 고려 말, 이성계는 새로운 나라를 세우려 하는 신진 사대부의 혁명파와 손을 잡았다. '조선 왕조의 설계자'라고 불리는 정도전(1342~1398)과 권근(1352~1409)이 혁명파의 대표 인물이었다.

● 신진 사대부의 혁명파
고려 말에 성장한 신진 사대부 세력은 개혁 방안을 두고 두 세력으로 나뉘었다. 혁명파는 고려 왕조를 무너뜨리고 새로운 왕조를 건설할 것을 주장한 반면, 정몽주를 대표로 한 온건파는 고려 왕조 안에서의 개혁을 주장했다.

▲ 정도전
신진 사대부 혁명파의 대표로 조선 건국을 주도한 인물. 토지 개혁을 실시하고 유학을 국시로 삼아 새 나라 조선의 기틀을 닦았다.

고려 시대가 끝나고 조선이 탄생할 무렵, 중국에서는 몽골족의 원나라가 망하고 명나라(1368~1644)가 등장했다. 그러나 조선과 명나라가 처음에는 사이가 좋지 않았다. 조선이 요동을 정벌하려 했기 때문이다.

요동을 정벌하자는 주장은 고려 말, 명나라가 철령 부근을 자기네 땅이라며 내놓으라고 요구하면서부터 시작되었다. 철령 부근은 원나라가 빼앗아 간 것을 고려 말에 되찾은 것인데, 이를 명나라가 내놓으라고 하니 화가 날 수밖에. 그리하여 최영(1316~1388)은 이성계에게 요동을 정벌하라는 명령을 내렸다. 그러나 이성계는 요동을 향하던 중 압록강 위화도에서 군대를 돌려 개경으로 돌아왔다. 그리고 우왕과 최영을 몰아내고 정권을 잡은 뒤 조선을 세웠다.

신생 국가 조선의 정치는 정도전이 주도했다. 그는 재상 중심의 정치를 밀어붙였다. 임금은 한 가문에서만 나오니까 꼭 훌륭한 사람만 있으라는 법이 없으므로 전국에서 가장 현명한 사람을 재상 자리에 앉혀 왕을 바른길로 인도해야 한다는 게 그의 주장이었다. 왕족이 들으면 기분이 상할 법한 이야기였다. 결국 그는 훗날 임금 자리에 오르는 태조의 아들 이방원에게 죽임을 당하고 말았다.

재상 정도전은 요동 정벌론을 굽히지 않았다. 그러니 명나라와 사이가 좋을 수

▶ 조선의 이궁, 창덕궁
건국 세력을 제거하고 왕위에 오른 태종은 조선의 정궁인 경복궁 동쪽에 창덕궁을 지었다. 태종은 유혈 투쟁의 기억을 피해, 또 보안 유지를 위해 주로 창덕궁에 머물렀다.

없었다. 그러나 이방원이 정도전을 죽이고 태종이 되면서부터 조선은 명나라에 확실한 사대를 했다. 그제야 명나라는 정식으로 조선을 인정했다.

여기서 사대라는 말을 오해하지는 말아야 한다. 조선이 명나라에 사대를 했다고 해서 명나라의 속국이 된 것은 아니다. 당시의 사대 관계는 형식적인 것으로, 명나라는 동아시아에서 가장 강한 나라이니 이 점을 인정하고 사이좋게 지내자는 약속이었다.

두 나라의 관계는 제후국 조선이 황제국 명나라에 조공을 바치는 식으로 이루어졌다. 명나라 황제는 이에 보답하여 조선에 하사품을 내렸다. 그러니까 일 년에 두 차례 공식적으로 선물을 교환하는 것이 양국 관계의 전부였다. 명나라 황제는 조선이 하는 일에 간섭하지 않았다. 집안일은 각자 알아서 한다는 방침이었다.

조선은 중국을 세계의 중심으로 인정했다. 그런 다음 중국의 선진 문물을 받아들이는 데 집중했다. 이 당시 우리 조상의 세계관을 보여 주는 것이 바로 앞에서 본 「혼일강리역대국도지도」다. 이 지도에는 중국이 세계의 중심이며 그로부터 문화를 받아들인 조선이 중국 다음으로 큰 나라라는 생각이 담겨 있다. 그러니까 우리 조상이 명나라를 큰 나라로 받든 것은 사실이지만 그것이 비굴한 태도라거나 부끄러워할 일이라고는 생각하지 않았다는 이야기다. 오히려 당당했다. 15세기 조선이 이룬 자주적인 문화가 그 증거이다.

여기서 우리는 세종 대왕(재위 1418~1450)이라는 멋진 임금을 떠올리게 된다. 세종이 다스린 조선은 세계에서 가장 우수한 문자 중 하나인 한글을 비롯, 당대 최고 수준의 과학 기술, 우수한 농업 서적 등 찬란한 문화를 꽃피웠다.

▲ 『훈민정음』 언해본

▲ 강수량을 측정하는 측우기

◀ 물시계(자격루)

이탈리아인 마테오 리치와 명나라
의 이치조가 함께 만든 목판 세계
지도(1602). 명나라와 조선은 왼
쪽에서 세 번째 폭 윗부분에 그려
져 있다.

중세 동아시아의 국제 질서 – 중국에서는

이제 눈을 돌려 조선이 천하의 중심으로 인정한 중국으로 가 보자. 위 지도는 선교
사로 명나라에 온 마테오 리치(1552~1610)가 베이징에서 만든 세계 지도다. 오늘날의 과학
적인 지도와 거의 비슷하다고 할 만큼 사실적이다.

이 지도는 중국이 세계의 절반이던 과거의 지도와는 분명히 다른 세계를 보여 준다.
중국이 아시아 대륙의 일부에 지나지 않을 만큼 드넓은 세계가 그려져 있다. 그러나 마
테오 리치는 중국인에게 저 넓은 바깥 세계를 소개하면서도 중화사상이 굳건한 중국인
의 자존심은 건드리지 않으려 했다.

그런 마테오 리치의 생각이 위 지도 어디에 나타나 있느냐고? 넓은 세상을 보여
주면서도 여전히 중국을 그 세상의 중심에 그려 넣었지 않은가? 명나라 사람들은 이
지도를 보면서 "어허, 세상은 우리가 생각했던 것보다 넓지만, 그래도 역시 우리 중국이
세상 한가운데 있네그려!" 하며 고개를 끄덕였을 것이다.

중국 고대 역사에서 살펴보았듯 중화사상은 한나라에서 시작하여 한족 문화에
연면히 내려온 세계관이다. 명나라 역사에는 이러한 중화사상이 어떤 모습으로 나타났

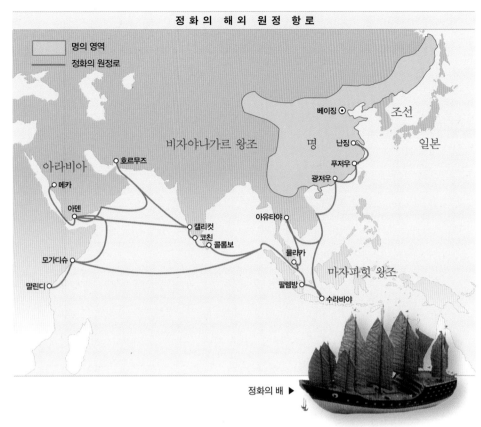

정화의 해외 원정 항로

- ☐ 명의 영역
- —— 정화의 원정로

베이징 ⊙
조선
일본
명
난징 ⊙
푸저우
광저우
비자야나가르 왕조
아라비아
호르무즈
메카
아덴
캘리컷
코친
콜롬보
아유타야
믈라카
마자파힛 왕조
모가디슈
말린디
팔렘방
수라바야

정화의 배 ▶

느지 살펴보자.

　한족의 가난한 농민 출신인 주원장(1328~1398)은 몽골족의 원나라를 만리장성 밖으로 몰아내고 명나라를 세웠다. 한족 입장에서 보면 오랑캐에게 나라를 빼앗겼다가 명나라 때 다시 찾은 셈이었다. 세상의 중심을 되찾은 명나라는 중국을 정점에 세우는 국제 질서 속에 주변 여러 나라를 포함시키려 했다.

　명나라는 주변 나라의 왕들을 제후로 인정하는 책봉 절차를 통해 그들을 중국 황제의 신하로 삼았다. 주변국들은 조공을 바치고 중국 황제는 하사품을 내리는 방식으로 교류했다. 이렇게 서로를 인정함으로써 평화로운 국제 질서가 자리 잡았다.

　주원장은 명나라의 첫 번째 황제인 홍무제가 된 다음 중국 남해의 여러 나라에 대해 3년에 한 번씩만 조공하게 했다. 한편 중국인들이 해외에 진출하는 것은 억제했다. 그러다 제3대 황제인 영락제(재위 1402~1424) 때는 사정이 달라졌다. 그는 적극적인 해외 활동파였다. 몽골을 정벌하고, 지금의 베트남 자리에 있던 대월국을 복속시켰다.

　영락제 때의 명나라가 얼마나 해외 팽창에 힘을 썼는지는 정화(1371~1435?)라는 이슬람 출신 항해가가 이끈 원정을 보면 잘 알 수 있다. 정화는 1405년에서 1433년까지 7회에 걸쳐 해외 원정을 떠났다. 그가 이끄는 선단은 동남아시아와 인도를 거쳐 아프리카 동해안에까지 이르렀다.

정화의 원정은 서양인이 인도 항로를 발견한 시기보다도 60여 년이 빨랐다. 덕분에 명나라에 조공을 바치러 온 나라가 30여 개국이나 되었다. 또 중국인이 동남아시아에 진출하여 화교 사회를 형성하는 계기가 되기도 했다. 하지만 정화 이후로는 더 이상 해외 활동이 없었다. 오히려 중국 황제들은 주변국 진출을 엄격하게 제한했다. 중국은 넓은 땅에서 나는 풍부한 산물이 있으므로 굳이 먼 나라와 교역할 필요가 없다는 이유에서였다.

조선 초기 우리 조상은 중화사상의 영향권에 속해 있었다. 즉 당시의 문화 선진국인 중국을 인정하고 평화를 위해 조공을 바쳤다. 그러나 이러한 사대 관계는 두루 평화로운 국제 질서를 위한 것이었지, 조선이 명나라의 식민지였던 것은 아니다. 조선은 조선 나름의 자부심을 가지고 수준 높은 문화를 일구어 갔다.

여기서 우리는 중화사상이 결국 중국 자신의 발전을 가로막았다는 사실을 간파해야 한다. 자기가 남들보다 우월하다는 의식에 사로잡혀 바깥세상에 대해 눈을 감고 있을 때, 그 바깥세상에서는 서양 '오랑캐'들이 무섭게 성장하고 있었다. 중국의 앞날에는 작은 섬나라 영국에 무릎을 꿇고 서구 열강의 반식민지로 전락할 운명이 기다리고 있었다. 이후 역사에서 중화사상이 몰락하는 모습은 개인은 물론, 국가도 언제나 겸손한 태도를 갖추고 남의 장점을 받아들일 줄 알아야 한다는 뼈아픈 교훈을 남긴다.

● 화교
해외에 있는 중국 사람들을 가리키는 말. 오늘날 동남아시아 상권 대부분을 장악하고 있다.

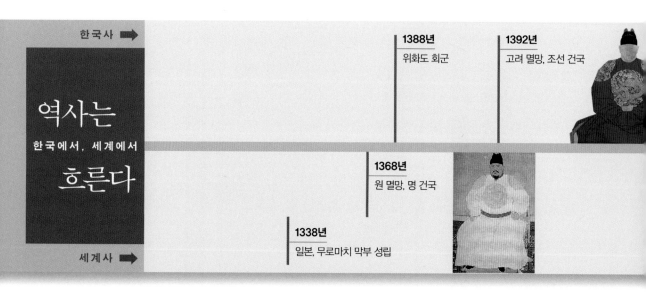

한국사 ➡

역사는
한국에서, 세계에서
흐른다

세계사 ➡

1388년
위화도 회군

1392년
고려 멸망, 조선 건국

1368년
원 멸망, 명 건국

1338년
일본, 무로마치 막부 성립

● 「만국래조도」
앞을 다투어 중국 황제를 배알하러 온 각국 사절단의 모습

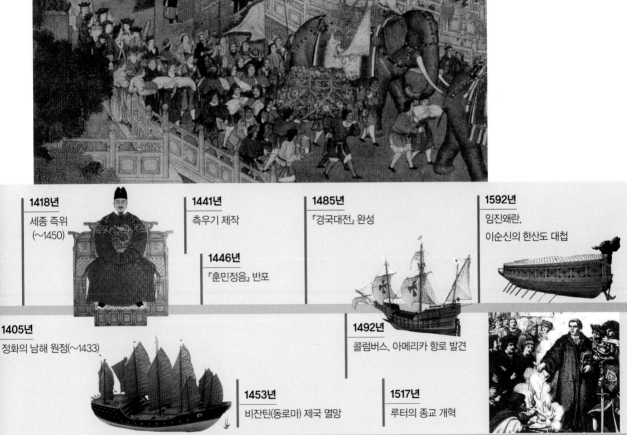

1418년
세종 즉위
(~1450)

1441년
측우기 제작

1446년
『훈민정음』 반포

1485년
『경국대전』 완성

1592년
임진왜란,
이순신의 한산도 대첩

1405년
정화의 남해 원정(~1433)

1453년
비잔틴(동로마) 제국 멸망

1492년
콜럼버스, 아메리카 항로 발견

1517년
루터의 종교 개혁

05

중세의 사회와 경제

조선 양반, 중국 신사 그리고 서양 영주

땅 주인인 양반이 조선 사회를 지배하던 무렵, 세계의 많은 나라에서도 땅을 가진 사람이
그 사회를 지배하고 있었다. 중국의 지배 계급도 지주인 신사층이었다. 서유럽은 장원의
주인인 영주가, 일본 역시 영지를 받은 영주인 다이묘가 사회를 지배했다.

▶ 땅 주인 놀부와 소작농 흥부
배경 그림 중국의 농촌 풍속도

왼쪽 배경 그림을 보자. 말쑥이 차려입은 남자가 햇빛을 가리는 양산을 쓰고서 일하는 농부들을 감시하고 있다. 그런데 그중 한 사람이 조금 뒤처진 모양이다. "일 좀 제대로 하지 못하겠느냐!"며 지청구를 늘어놓는 소리가 귀에 선하다. 이 그림은 중국의 것으로, 일꾼을 감시하는 땅 주인이 바로 중국 사회의 지배 계층인 신사다.

▲ 단원 김홍도 「벼 타작」

이번에는 오른쪽 그림을 볼까? 조선 후기의 화가 김홍도(1745~1806)가 그린 「벼 타작」이다. 술병을 옆에 두고 곰방대를 문 채 거만하게 누워 있는 사람이 있다. 이 사람이 바로 땅 주인인 양반이다. 열심히 일하고 있는 사람들은 소작농이다. 이 얼마나 대조적인 광경인가!

일단 우리 조선의 이야기로 시작해 보자.

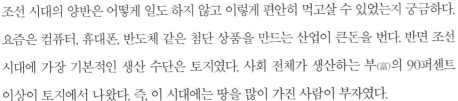

조선 시대의 양반은 어떻게 일도 하지 않고 이렇게 편안히 먹고살 수 있었는지 궁금하다. 요즘은 컴퓨터, 휴대폰, 반도체 같은 첨단 상품을 만드는 산업이 큰돈을 번다. 반면 조선 시대에 가장 기본적인 생산 수단은 토지였다. 사회 전체가 생산하는 부(富)의 90퍼센트 이상이 토지에서 나왔다. 즉, 이 시대에는 땅을 많이 가진 사람이 부자였다.

모두가 땅을 갖고 싶어 했다. 그러나 토지는 지금이나 조선 시대에나 한정되어 있는 법. 따라서 토지를 가진 사람과 못 가진 사람이 나뉠 수밖에 없었다. 시대에 따라 조금씩 차이가 있긴 해도, 소수의 사람들이 많은 땅을 소유하고 대다수 농민은 손바닥만 한 땅 뙈기도 가질 수 없는 게 일반적인 현실이었다.

그럼 땅을 소유한 소수의 사람들이란 대체 누구였을까? 그들은 신분제 사회였던 조선에서 가장 높은 신분이던 양반이었다. 조선 후기 사회에는 양반, 중인, 상민, 천민 이렇게 네 신분이 있었다. 이 중 양반은 지주, 상민은 소작인인 경우가 대부분이었다. 물론 상민 중에도 어떤 사람은 자기 땅을 가지고 있어서 지주의 땅을 빌리지 않고도 살 수 있었다. 그러나 그 수는 그리 많지 않았다.

● 소작농
자기 땅이 없어서 다른 사람의 땅을 빌려 경작하는 농민을 소작농이라고 불렀다. 반면 땅이 많아서 땅 없는 사람에게 땅을 빌려주는 사람, 즉 땅 주인을 지주라고 한다.

87

농민이 국가에 내는 세금

지세	공납	역
토지에 대한 세금 수확량의 1/10	지방 특산물	군대에 가는 군역, 도로 닦기, 궁궐 짓기 등 국가 공공사업에 무료로 일해 주는 요역

▶ 18세기 농민의 일상 풍경
단원 김홍도가 그린 「점심」,
「가마짜기」 중에서

소작인은 양반 지주에게 수확량의 절반 가량을 바쳐야 했다. 땅을 빌린 대가였다. 이를 지대(地代)라고 한다. 양반 지주는 가만히 앉아서 수확량의 절반을 가져가고, 소작 농민은 땀 흘려 일하고도 절반밖에 갖지 못했다. 모두 땅이 없어서 겪는 설움이었다.

그러나 소작 농민은 그나마 남은 수확량의 절반도 온전히 가질 수 없었다. 국가에 세금을 내야 했기 때문이다. 농민이 국가에 내는 세금은 크게 세 가지였다. 토지를 가진 농민이 내는 지세, 그 지역 특산물을 바치는 공물, 군대에 가거나(군역) 국가의 공공사업을 하는(요역) 역. 이런 식의 세금 제도는 고려 시대부터 조선 시대까지 거의 그대로 유지되었다.

이 중에서 지세는 땅에 매기는 세금이니 토지 주인인 지주가 내는 것이 원칙이었다. 그런데 지주는 지세를 소작농에게 강제로 떠넘겼다. 혹시 소작농이 원칙을 들먹이며 거부하면, 내년에는 땅을 빌려주지 않겠다고 으름장을 놓았다. 소작농은 울며 겨자 먹기로 국가에 지세를 납부해야 했다.

농민에게 지세보다 더 지긋지긋한 세금은 지방 특산물을 내는 공납이었다. 지방 특산물에는 전라도 나주의 배, 강화도의 화문석 같은 것이 있었는데, 국가에 필요한 이 물건들을 백성이 직접 바쳐야 했다.

국가는 공납을 집집마다 똑같이 걷어 갔다. 가난한 집이나 부잣집이나 똑같이 배 한 상자씩을 바쳐야 했으니 가난한 농민은 부담이 훨씬 컸다. 16세기에는 관리가 농민 대신 배 한 상자를 바치고는 농민에게 원래 배값의 100배까지 요구하는 등 농민이 공납 때문에 겪는 고통이 아주 컸다.

▶ 양반을 그린 초상화
정3품 사대부 화가 조영석이 자기 형 조영복을 그린 초상화

마지막으로는 군역이 백성을 괴롭혔다. 원래 16~60세 남자에게는 군역의 의무가 있었다. 그러다 임진왜란(1592~1598) 때 직업 군인 제도가 생겨나 군역 대신 돈을 내면 되었다. 그런데 국가는 죽은 사람이나 갓 태어난 어린아이에게까지 이 세금을 부과했다. 농민의 고통이 이만저만이 아니었을 게 당연하다.

고려 시대와 조선 시대 농민은 이렇게 의무적으로 내야 할 지대와 세금에 허리가 휘었다. 소작 농민은 끼니

◀ 조선 선비의 책상

를 잇지 못할 정도였다. 평상시에는 겨우 생계를 유지하다가도 재난이 닥치면 파산하기 일쑤였다. 겨우 잊을 만하면 다시 찾아오는 흉년, 자연재해, 질병 앞에서는 가정을 지탱하기도 버거웠다.

"가난은 나라님도 못 막는다."라는 속담이 이런 딱한 사정을 말해 준다. 국가가 하는 일이라곤 기껏해야 세금을 면제해 주거나, 나무껍질, 풀뿌리 따위로 죽을 쑤어 먹는 방법을 알려 주는 것이 전부였다.

그런데 중세 농민의 헐벗고 가난한 생활은 고려나 조선만의 현실이었을까? 이번에는 같은 시기, 중국과 서양 백성은 어떤 삶을 살고 있었는지 들여다볼 차례다.

중세의 사회와 경제 – 중국 그리고 유럽에서는

중국에는 양반에 해당하는 신분으로 신사(紳士)가 있었다. 명나라와 청나라의 지배층이 이 신사층이었다. 신사는 학생 및 과거 시험 합격자로 이루어져 있었는데, 이들은 치안 유지, 세금 징수 등 공무를 맡아보며 향촌 사회에 영향력을 행사했다. 그들은 국가의 일을 도와주는 대가로 가벼운 형벌이나 세금을 면제받았다.

| 중국의 세제 변화 |

당나라
조용조

▼

당 말기, 송·원대
양세법

▼

명 말기
일조편법

▼

청나라
지정은제

신사는 농민에게 땅을 빌려주고 그들이 열심히 일하는지 감독하기도 했다. 소작농은 농사를 짓고 얻은 수확의 반 정도를 땅 주인인 신사에게 바쳐야 했다. 신사층은 점점 더 많은 땅을 소유하게 되었고, 농민은 점점 몰락하여 소작인이 되었다. 당연히 신사와 농민 사이의 빈부 격차도 커졌다.

그래서 중국은 일찍부터 이에 대한 대책을 마련했다. 대표적인 것이 당나라의 세금 제도다. 당나라 때는 균전제를 실시하여 국가가 백성에게 토지를 지급했다. 토지를 받은 백성은 그 대가로 조용조(租庸調)라는 세금을 냈다. 여기서 조(租)는 토지에 매기는 세금이고, 용(庸)은 일하는 것으로 내는 세금이며, 조(調)는 특산물로 내는 세금이다. 이와 더불어 토지를 지급받은 농민이 군인 역할을 하는 부병제도 실시했다. 부병제는 농민이 국가로부터 토지를 받고 그 대가로 의무적으로 군인이 되는 제도였다.

그러나 당나라의 이러한 세금 제도는 오래가지 못했다. 당나라 후반에 이르면 농민이 가졌던 토지 대부분을 귀족이 차지하게 되었기 때문이다. 농민은 자기 토지를 잃고 귀족의 토지를 빌려 농사를 짓는 가난한 소작농 신세가 되었다.

이렇게 되자 국가에서는 모두에게 똑같이 세금을 걷는 방식을 없앴다. 빈부의 차이를 인정하고 부자에게 더 많은 세금을 걷는 양세법을 실시한 것이다. 명나라는 양세법을

▶ **중국의 대운하**
수나라 시대에 건설된 거대한 물길(베이징부터 항저우까지 2,000킬로미터)은 중국 경제의 핏줄이자 세금을 운송하는 중요한 통로였다.

▲ 중세 유럽 농민의 일 년 노동(왼쪽부터 봄, 여름, 가을의 노동 풍경)
봄에는 밭 경작과 포도나무 손질, 여름에는 보리 추수와 양털 깎기, 가을에는 포도 수확을 했다.
추운 겨울에는 집 안에 머물며 다음 한 해 농사를 준비했다.

계속 유지하다가 말기에는 일조편법을 썼고, 청나라 때는 지정은제를 실시했다.

일조편법은 수십 가지의 세금을 지세 그리고 성인 남자에게 걷는 정(丁)세 두 종류로 통합한 제도였다. 그러다가 지정은제로 가면 정세도 없애고 지세 한 가지로 세금을 통일했다. 이 과정에서 토지가 많은 지주는 세금 부담이 늘고 농민은 부담이 조금 줄었다.

더 멀리 서쪽으로 가면 중세 서양에서는 봉건 제도가 시행되고 있었다. 앞서 고려 시대를 다루면서 서양 봉건제의 정치적 관계와 경제적 관계에 대해 이야기한 바 있다. 영주가 다스리는 곳을 장원이라고 불렀고, 장원에서 영주는 작은 왕이었다. 더 높은 영주나 왕이라 해도 장원 일에 간섭할 수 없었다. 장원에서 일하는 농민 가운데는 자유민도 얼마간 있었지만 농노가 대부분이었다. 농노는 노예와 달리 결혼을 해서 가정을 꾸릴 수 있었고, 약간의 재산을 소유할 수 있었다.

하지만 농노는 마음대로 이사를 할 수 없었고, 일주일에 3일 정도는 의무적으로 영주의 땅을 경작해야 했다. 영주의 땅을 빌려서 농사를 지었기 때문에 땅을 빌린 대가로 노동을 한 것이다. 이렇게 영주의 일을 해 주는 것을 노동 지대라고 했다. 이 노동 지대가 나중에는 수확량의 반을 바치는 현물 지대로 바뀌었다. 그리고 봉건제가 무너지던 중세 말에 이르면 돈으로 내는 화폐 지대로 바뀌었다.

게다가 농노는 영주에게 인두세, 사망세, 혼인세 같은 각종 세금을 내야 했다. 심지어는 장원에서 공동으로 쓰는 방앗간 사용료도 영주에게 지불해야 했고 공납도 바쳐야 했다.

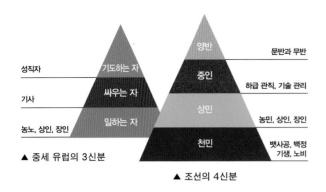

성직자 ── 기도하는 자

기사 ── 싸우는 자

농노, 상인, 장인 ── 일하는 자

▲ 중세 유럽의 3신분

양반 ── 문반과 무반

중인 ── 하급 관직, 기술 관리

상민 ── 농민, 상인, 장인

천민 ── 뱃사공, 백정 기생, 노비

▲ 조선의 4신분

이제 큰 그림을 그려 보자. 중세에는 동서양을 가리지 않고 농민 대부분이 자기 땅을 갖지 못했다. 그래서 남의 땅을 빌려서 경작해야 했다. 우리나라의 조선 시대에는 땅 주인을 양반 지주라고 불렀다. 명나라와 청나라의 지주는 신사였다. 양반과 신사는 농민에게 토지를 빌려주고, 그 대가인 지대로 수확량의 반을 걷어 갔다. 땅이 있는 사람이 사회를 지배했고, 땅이 없는 사람은 지배를 당했다.

중세 서양에서도 마찬가지였다. 영주가 장원을 소유하고서 농민들을 지배했다. 농민 대다수가 자유가 없는 소작농이 되었는데, 이들을 농노라고 불렀다. 중세 유럽 장원에서 일하는 농노들은 조선과 명나라, 청나라의 농민보다 훨씬 좋지 않은 대우를 받고 있었다.

세세히 들여다보면 동양 농민과 서양 농민의 처지는 조금씩 달랐음을 알 수 있다. 하지만 중세의 동서양 모두 땅을 가지고 지대를 받으며 편하게 사는 사람들과 땅에서 힘겹게 일하면서도 고율의 지대에 시달려야 하는 사람들로 나뉘었다는 점은 크게 다르지 않았다. 우리는 바로 이 커다란 흐름을 기준으로 세계 역사, 한국 역사의 중세를 구분한다.

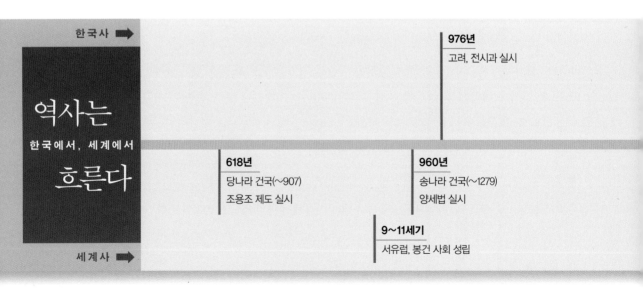

한국사 ➡

역사는
한국에서, 세계에서
흐른다

976년
고려, 전시과 실시

618년
당나라 건국(~907)
조용조 제도 실시

960년
송나라 건국(~1279)
양세법 실시

9~11세기
서유럽, 봉건 사회 성립

세계사 ➡

● 노동으로 지대를 납부하는 중세 장원의 농노

1363년
문익점,
원에서 목화씨 가져옴

1368년
명나라 건국(~1644)
일조편법 실시

1391년
고려, 과전법 실시

1441년
조선, 측우기 제작

1608년
경기도에 대동법 실시

1616년
후금 건국
지정은제 실시

1636년
후금, 청으로
국호 변경(~1912)

1750년
균역법 실시

06

동서양의 '절대 왕정'

탕평 군주 영·정조와 절대 군주 루이 14세

16세기 이후 유럽에서는 넓은 시장을 필요 조건으로 하는 근대 경제가 성장하며 지방 분권적인 봉건제와 충돌했다. 이 갈등을 힘으로 누르면서 사회 위에 군림한 것이 절대 왕정이었다. 18세기 조선에서도 당쟁이 심해지자 이를 억누르며 왕권을 강화한 왕들이 있었다. 동서양의 절대 권력자들, 이들은 얼마나 같고 얼마나 달랐을까?

Non est potestas Super Terram quæ Comparetur ei Iob

▲ 태양왕을 자처한 루이 14세와 모든 강을 비추는 달빛왕으로 자처한 정조

배경 그림 홉스의 『리바이어던』 속표지_ 리바이어던은 죽지 않는 영생을 가졌다는 환상의 동물이다. 홉스는 수많은 개별 시민들의 의지가 모여 리바이어던, 즉 불멸하는 절대 군주의 권력을 이룬다는 사회 계약설을 주장했다.

아래 성문은 경기도 수원에 있는 화성의 화서문이다. 이 아름다운 성곽을 누가, 언제 만들었을까? 조선 시대 세종 대왕(재위 1418~1450)과 더불어 가장 현명한 임금으로 꼽히는 정조(재위 1776~1800)의 작품이다.

정조의 아버지는 쌀통에 갇혀 8일 만에 굶어 죽은 비운의 사도 세자(1735~1762)다. 할아버지 영조(재위 1724~1776)의 명령으로 일어난 비극적 사건이었다. 정조는 왕이 된 후, 아버지의 묘를 수원으로 옮기고 계획도시인 화성을 건설했다. 그는 아버지의 묘소에 성묘한다는 명분으로 1789년부터 세상을 떠난 1800년까지 11년 동안 13차례나 수원에 행차했다. 한 번 행차할 때 왕을 보위하는 수행원이 약 2,000명에 이르고 800마리나 되는 말이 동원되었다. 머릿속에 굉장한 광경이 그려진다.

정조는 왜 이런 거대한 행차를 했을까? 물론 죽은 아버지에 대한 그리움 때문이었다. 한편으로 이 행차에는 반대 세력을 피해 신도시인 수원 화성에서 자신의 새로운 정치 이상을 실현하려는 정조의 꿈이 서려 있었다. 정조가 꿈꾼 이상 정치란 과연 어떤 정치였을까? 이제 우리는 조선 시대의 가장 치열한 역사 속으로 들어간다.

정조 때의 정치 상황을 알기 위해서는 먼저 바로 앞의 왕인 영조 시대를 이해해야 한다. 정조의 할아버지 영조가 왕위에 오른 것은 18세기 초, 당시 조선의 정치 상황은 무척 어지러웠다. 이른바 붕당 정치로 인한 혼란이었다.

붕당 정치란 여러 정당이 참여하여 정치하는 것을 말한다. 조선 후기에는 여러 붕당이 출현했다. 이 시대 역사를 이야기할 때 빠지지 않는 노론, 소론, 남인, 북인 등이 바로 조선의 붕당이다. 처음에는 여러 붕당이 있어서 좋았다. 한 붕당이 정치를 잘못하면 다른 붕당이 비판하고 견제해서 정치를 올바른 방향으로 이끌 수 있었다.

● 사도 세자
영조의 외아들로서 왕위를 계승할 지위에 있었으나 그를 싫어하던 노론에 의해 제거되었다.

● 붕당
붕당이란 학문적으로 뜻이 비슷한 사람, 정치적으로 비슷한 정책을 세운 사람들이 모인 집단이다. 오늘날의 정당과 비슷하다.

◀ 수원 화성의 화서문

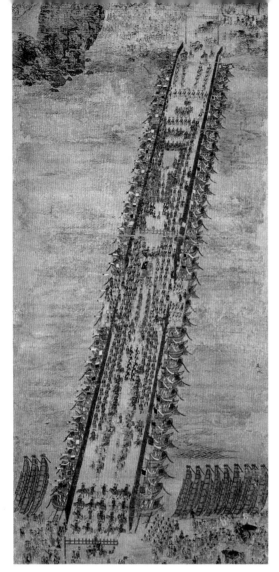

▲ 「화성행행도」 중에서 정조의 화성 가는 길
정조는 배를 모아 배다리를 만들어 한강을 건넜다. 백성들은 행차의 장관을 보며 왕의 권력을 눈으로 확인할 수 있었다.

그런데 점차 문제가 생겼다. 근본 원인은 벼슬할 사람은 많은데 자리는 한정되어 있으니 경쟁이 치열해졌다는 점에 있었다. 그래서 상대 당파의 약점을 물고 늘어지면서 반대를 위한 반대를 하는 폐단이 나타났다. 급기야 상대 붕당을 완전히 없애 버리자는 생각도 하였다. 이제 정권을 잡은 붕당은 반대편 당원들에 사약형을 내리거나 귀양을 보냈다. 복수에 복수가 이어졌다.

붕당 정치가 혼돈에 빠지자 왕권이 약해지고 백성은 더욱 살기가 힘들어졌다. 영조는 정치를 안정시키기 위해 탕평책을 실시했다. 영조는 당파의 시비를 가리지 않고 온건하고 타협적인 인물을 기용했다. 그 결과 붕당 정치의 폐해가 어느 정도 극복되면서 왕권을 강화할 수 있었다.

영조가 뿌린 씨앗은 정조에 와서 꽃을 피웠다. 정조는 왕권을 강화하기 위해 왕립 도서관을 세웠다. 왕은 규장각이라고 하는 이 도서관에 새로운 인재들을 모아 놓고 학문을 연구하게 했다. 이 인재들은 정조를 뒷받침하는 정치 세력으로 자랐다. 또한 정조는 장용영이라는 왕의 직속 부대를 설치하여 왕권을 더욱 튼튼하게 다졌다.

그런가 하면 국가가 일부 특정 상인에게만 특권을 주는 제도를 폐지하고 누구나 자유롭게 장사를 할 수 있게 했다. 서얼이라는 이유로 높은 관직에 오르지 못하게 막던 차별 관행을 없애고 서얼 출신인 박제가(1750~1805), 유득공(1749~1807)을 등용하기도 했다. 동시에 정약용(1762~1836)을 비롯해 권력에서 밀려나 있던 남인도 등용하여 기득권 집단인 노론을 견제했다.

이렇게 새로운 정치를 펼치기 시작한 정조가 자신의 꿈을 이루기 위해 만든 도시가

● 탕평책
탕평책이란 왕이 어느 한쪽 편을 들지 않고 공평하게 정치를 하겠다는 정책이다.

● 서얼
조선 시대에는 남편 한 사람이 부인을 여럿 둘 수 있었다. 그러나 첫째 부인의 자식이 아닌 자식은 서얼이라고 하여 차별을 받았다. 서얼은 엄마가 양인이냐 천인이냐에 따라 다시 서자, 얼자로 나뉘었다.

바로 수원 화성이다. 화성이 완성되고 새로운 정치의 꿈이 무르익고 있었다. 그러나 1800년, 정조가 48세의 젊은 나이로 갑작스럽게 죽자 모든 것이 중단되었다. 정조가 죽자 그동안 억눌려 있던 세력들이 복수를 개시했다. 정조가 키운 새로운 인물들은 모두 제거되었고 개혁은 멈추었다.

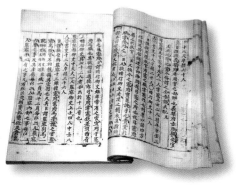

▲ 『경세유표』
과거에 합격하여 벼슬에 오른 정약용은 정조의 오른팔이 되어 화성을 건설했다. 정조 사후 유배를 당했으나 유배지에 가서도 사회 제도 개혁을 논하는 이 책을 지었다.

왕의 죽음과 함께 물거품처럼 사라져 버린 영조, 정조의 개혁 정치에 대해 우리는 어떤 평가를 할 수 있을까?

정조가 조선을 통치했던 18세기는 중세에서 근대로의 이행기였다. 중세는 농업 중심의 사회이고, 근대는 상공업이 중심인 자본주의 사회이다. 새로운 사회인 자본주의를 만들고 이끌어 나갈 정치 세력은 상공업자 즉 시민 계급(부르주아지)이었다.

그러나 정조가 재위했을 당시 조선에서 상공업의 성장은 미약했다. 비록 정조가 자유로운 상공업의 발전을 도모했으나 상공업자는 아직 기존의 토지 귀족인 양반을 대체할 만한 정치 세력으로 성장하지 못했다.

정조가 노론을 제압하기 위해 정약용 등의 남인을 등용했지만, 기존 정치 구조를 근본적으로 바꾸지 못하고 결국 실패했다. 남인도 토지 귀족이었다는 점에서 새로운 사회를 만들어 갈 주체 세력이 될 수는 없었기 때문이다. 조선이 식민지를 거치지 않고 자주적인 근대화를 이루기 위해서는 상공업의 발달과 시민 계급이 주도하는 사회 변화가 필요했는데, 조선에서는 이 두 요소의 힘이 너무 미약했다.

이렇게 정조 시대 조선은 근대의 주체 세력이 형성되지 못했는데, 유럽에서는 사정이 어땠는지 살펴보자.

정약용이 화성을 쌓기 위해 만든 거중기 ▶

동서양의 '절대 왕정' – 유럽에서는

위 그림은 세상에서 가장 화려하고 웅장한 프랑스의 베르사유 궁전이다. 이 궁전의 첫 주인은 자신을 태양왕이라 부르면서 절대 권력을 휘두른 프랑스 국왕 루이 14세(재위 1643~1715)다. 오른쪽에 있는 그의 초상화를 보면 그가 얼마나 자신감 넘치고 도도한 인물이었는지 한눈에 알 수 있다.

루이 14세와 같이 절대적인 권력을 휘두른 이 시대의 군주를 절대 군주라고 한다. 16세기부터 18세기까지 프랑스를 비롯한 유럽 여러 나라에는 절대 군주가 다스리는 절대 왕정이 나타났다. 영국의 엘리자베스 1세(재위 1558~1603), 나중에 독일이 되는 프로이센의 프리드리히 2세(재위 1740~1786) 등이 대표적이라고 할 수 있다.

절대 군주는 "왕의 권력은 신이 내려 주었다."라는 왕권신수설을 내세우며 왕권을 강화했다. 절대 군주가 강력한 권력을 휘두를 수 있었던 것은 왕을 뒷받침해 줄 세력, 즉 관료와 군대가 있었기 때문이다. 관료들은 왕의 명령을 전국에 전달했다.

언제나 왕의 명령을 기다리고 있는 군대인 상비군은 군주에 반항하는 귀족 세력을 무력으로 제압했고, 외국과의 전쟁을 수행했다. 이때 서유럽의 국가들은 살아남기 위해 군비 경쟁을 하고 있었다. 루이 14세는 2만여 명이던 군대를 65만여 명까지 증강하였고, 프랑스는 스페인을 제치고 서유럽에서 제일 강한 국가가 될 수 있었다.

군대가 전쟁을 계속 수행하기 위해서는 막대한 돈이 필요했다. 그런데 서유럽의 국가들은 국토가 넓지 않아서 토지에서 나오는 세금만으로는 전쟁 경비를 마련하기가 쉽지 않았다. 더구나 당시 특권 신분이었던 귀족은 재산이 많으면서도 세금을 한 푼도 내지 않았다. 그래서 절대 왕정은 상업을 장려하는 중상주의 경제 정책을 펼쳤다.

수입은 억제하고 수출을 장려하는 보호 무역 정책을 펼쳐 국가의 부를 늘리고 더 많은 세금을 걷으려 했다. 그러나 다른 나라도 똑같은 정책을 펼쳤기 때문에 결국 경쟁에서 이기기 위해서는 더 좋은 상품을 만들어야만 했다. 그래서 절대 왕정은 산업을 부흥시켜야만 했다.

절대 왕정의 중상주의 정책 덕분에 상공업에 종사하는 시민 계급은 강력한 세력으로 성장할 수 있었다. 이들이 내는 세금이 절대 왕정의 튼튼한 기반이 되었다. 시민 중 일부는 직접 관료가 되어 왕의 손발 역할을 했다.

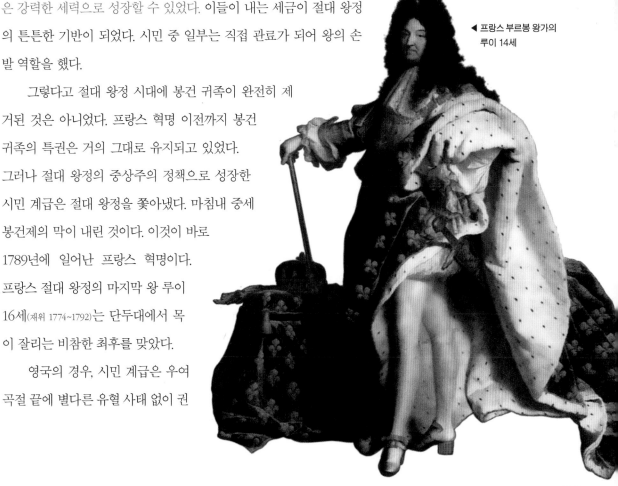

◀ 프랑스 부르봉 왕가의 루이 14세

그렇다고 절대 왕정 시대에 봉건 귀족이 완전히 제거된 것은 아니었다. 프랑스 혁명 이전까지 봉건 귀족의 특권은 거의 그대로 유지되고 있었다. 그러나 절대 왕정의 중상주의 정책으로 성장한 시민 계급은 절대 왕정을 쫓아냈다. 마침내 중세 봉건제의 막이 내린 것이다. 이것이 바로 1789년에 일어난 프랑스 혁명이다. 프랑스 절대 왕정의 마지막 왕 루이 16세(재위 1774~1792)는 단두대에서 목이 잘리는 비참한 최후를 맞았다.

영국의 경우, 시민 계급은 우여곡절 끝에 별다른 유혈 사태 없이 권력을 차지했다. 지주 계급과 시민 계급은 타협을 통해 입헌 군주제라는 시민 권력의 형식을 만들어 냈다. 왕은 국가의 상징으로 존재하되 통치는 하지 않고, 시민들이 구성한 의회가 권력을 행사하게 되었다.

중세와 근대의 과도기에 존재했던 절대 왕정은 시민 계급의 손에 의해 무너졌다. 그리고 그와 더불어 봉건제도 완전히 막을 내렸다. 한마디로 절대 왕정은 봉건제에서 근대 자본주의로 넘어가는 과도기였다고 할 수 있다.

지금까지 우리는 중세 말기에 조선에서도, 서양에서도 강력한 왕권이 출현했다는 공통점을 발견했다. 그러나 이 둘 사이에는 결정적인 차이가 있다. 바로 새로운 정치 세력이 성장했느냐 아니냐 하는 것이다. 서양에서는 새로이 등장한 자본주의 세력인 시민 계급이 절대 왕정의 후원 아래 성장했다. 그리고 이들은 결국 절대 왕정의 보호를 벗어나 시민 혁명을 일으켰다. 시민 계급은 절대 왕정을 무너뜨리고 시민이 주인인 세상을 열었다.

반면, 영조와 정조는 새로운 정치를 시도했지만 새로운 사회 세력을 키우지는 못했다. 무너져 가는 봉건제를 개혁할 수 있는 세력은 상공업자였는데, 조선에서는 이들의 힘이 아주 미약했다. 겨우 싹을 틔운 새로운 세력은 정조가 죽은 후 기득권 세력에 의해 제거되고 말았다. 우리 스스로 근대화를 향해 나아갈 수 있는 기회가 사라져 버린 안타까운 순간이었다.

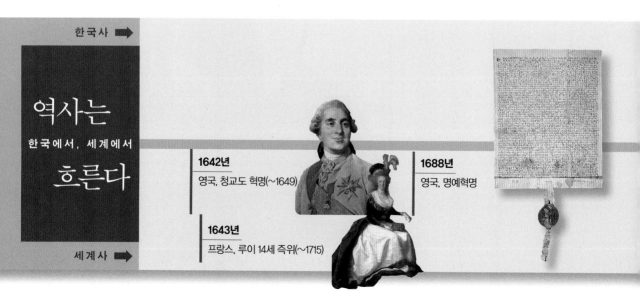

한국사 ➡

역사는
한국에서, 세계에서
흐른다

세계사 ➡

1642년
영국, 청교도 혁명(~1649)

1643년
프랑스, 루이 14세 즉위(~1715)

1688년
영국, 명예혁명

● 의회 민주주의의 산실 영국의 국회 의사당
영국은 명예혁명(1688)을 통해 맨 먼저 근대 의회 민주주의를 수립하고 시민 사회를 열었다.

1724년
영조 즉위(~1776)

1725년
탕평책 실시

1710년
베르사유 궁전 완성

1776년
정조 즉위(~1800)
규장각 설치

1776년
미국, 독립 선언

1800년
순조 즉위

07

중세에서 근대로

조선의 대장간과 영국의 기계 공장

18세기에 영국에서 산업 혁명이 시작되었다. 기계가 기계를 생산하는 산업 혁명 이후, 세계는 봉건적인 농업 사회에서 자본주의 사회로 넘어가게 되었다. 이 흐름에서 한 발짝 뒤처진 조선의 앞날에는 선진 자본주의 국가의 노예로 전락하는 가혹한 운명이 기다리고 있었다.

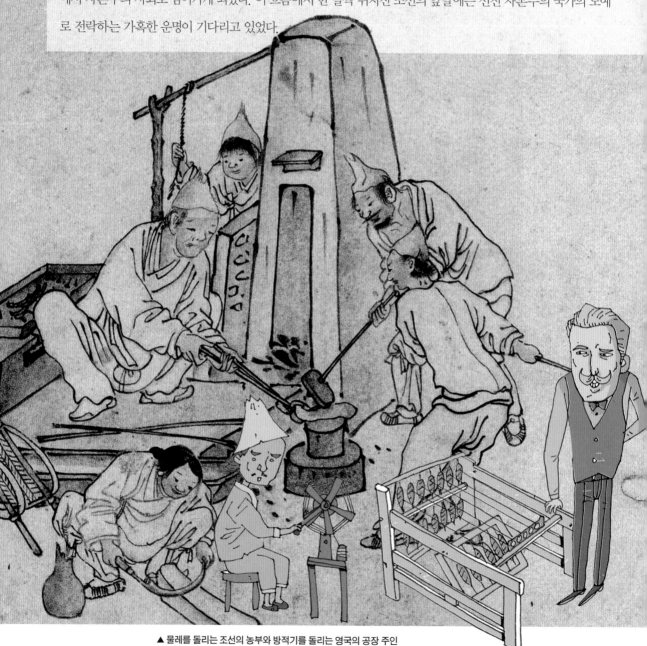

▲ 물레를 돌리는 조선의 농부와 방적기를 돌리는 영국의 공장 주인
배경 그림 김홍도 「대장간」_ 옛사람들이 쓰던 농기구, 생활 도구는 모두 마을 대장간에서 만들었다.

왼쪽의 바탕 그림은 김홍도가 그린 대장간 풍경이다. 사람 다섯 명이 작업에 열중해 있다. 맨 앞에 있는 사람은 농사를 지을 때 쓰는 낫을 만들고 있다. 조선 후기 민간 수공업자의 작업장에서는 이 그림과 같은 풍경을 흔히 볼 수 있었다. 오른쪽 아래 사진은 실을 뽑는 물레다. 여기에서 나온 실을 베틀로 짜면 직물이 된다.

기계가 나오기 이전에 우리 조상들은 물레와 베틀로 짠 천으로 옷을 지어 입었다. 그런데 이때 서양에서는 이미 실 뽑는 기계, 직물 짜는 기계가 탄생하여 혁명을 일으키고 있었다. 물레든 기계든 옷을 더 좋게, 예쁘게 만들기만 하면 되지 않느냐고? 그러나 바로 이 둘의 차이로부터 나중에 제국주의 국가가 되느냐 식민지가 되느냐가 결정되었다. 조선 후기 사회 모습과 서양의 사회 모습은 어떻게, 얼마나 달랐기에 이런 차이가 생겼을까? 차례차례 살펴보자.

대장간 그림에 나오는 민간 수공업자들은 주로 도시에 있었지만 점차 농촌에도 생겨났다. 그림에서처럼 민간 수공업자들은 소규모 작업장을 운영했다. 이들에게는 원료를 구입하고 제품을 판매할 자금이 필요했다. 이에 돈 많은 상인이 가난한 수공업자에게 원료나 자금을 미리 대 주는 제도가 나타났는데 이를 선대제라고 한다. 즉 민간 수공업자들은 상업 자본의 지배를 받았다. 또한 유기 공업과 광업 등 일부 분야에서는 공장제 수공업, 즉 매뉴팩처가 나타나기도 했다.

상인이 돈을 많이 벌기 위해서는 상품 화폐 경제가 발달해야 한다. 조선 전기까지만 해도 자급자족의 사회였기 때문에 화폐가 거의 필요 없었다. 물물 교환을 하거나, 일상생활에 많이 쓰이는 곡식이나 옷감을 화폐처럼 이용했다.

그러다 조선 후기에 접어들면서 상당한 변화가 일어났다. 우선 농업 기술이 발전하고 세금 제도가 달라졌다. 일단 농업에서 나타난 기술 변화를 알아보자. 조선 후기에는 모내기법이 널리 퍼졌다. 모내기 방식으로 벼농사를 짓자 많은 변화

● 선대제
선대제는 상업 자본이 수공업자를 지배하는 경제 형태다. 18세기 후반이 되면 조선에서도 상업 자본으로부터 벗어난 독립 수공업자가 나타난다.

▶ 물레
솜이나 털에서 실을 잣는 수공업 도구

▲「경직도」 중 모내기 부분
모내기법 이전에는 논에 직접 씨앗을 뿌리는 직파법을 썼기 때문에 발육이 좋지 않은 벼가 자리를 많이 차지했다. 모내기법은 건강한 벼 포기만 선별하여 땅에 옮겨 심는 방법이므로 농작물 관리가 더 쉬워졌고 수확량도 늘었다.

가 뒤따랐다. 먼저 수확량이 두 배로 늘었다. 또 김매기가 간편해져서 농사를 짓는 데 필요한 노동력이 무려 이전의 절반으로 줄었다.

필요한 노동력이 반으로 줄었다는 말은 전에는 두 사람이 농사짓던 땅을 이제는 한 사람이 일구면 충분하다는 뜻이다. 그 결과 농촌 인구의 반이 실업자가 되었다. 살아남은 나머지 반은 농사지을 땅이 예전의 두 배로 늘었다. 즉 부자 농민이 되었다. 이들 중 일부는 번 돈으로 땅을 사서 지주가 되기도 했다.

모내기법이 보급되면서 일자리를 잃은 농촌의 실업자들은 농촌에서 품팔이 일꾼이 되거나 광산에서 막노동을 했다. 그렇지 않으면 도시로 가서 장사를 시작했다. 모내기법의 보급으로 사람들이 농촌을 떠나 도시에 모여들자 도시 인구가 늘어났다. 따라서 조선 후기에는 상업이 발달하게 되었다.

조선 후기에 상업이 발달하게 된 또 하나의 계기는 세금 내는 방식의 변화였다. 조선 중기까지는 보통 쌀, 보리 등 현물로 세금을 냈다. 그런데 상품 화폐 경제가 발달하자 정부는 백성의 편의를 위해 세금을 돈으로 낼 수 있도록 제도를 바꾸었다. 지방 특산물을 바치는 공납 제도를 개편한 대동법이 그것이다.

◀ 상평통보
구리와 주석을 합금한 엽전으로 17세기 후반부터 조선 말기까지 조선 전역에서 유통되었다.

대동법이란 특산물을 직접 현물로 내는 대신 쌀이나 삼베, 동전으로 내는 제도였다. 그러자 화폐의 필요성이 점점 더 커졌다. 이때 우리 역사에서 처음으로 널리 사용된 화폐인 상평통보가 등장했다. 이제 상평통보만 있으면 원하는 물건은 무엇이든 살 수 있었고, 소작료와 세금도 납부할 수 있었다.

국가에서는 대동법으로 거둔 돈을 공인이라는 상인에게 주고 물품 조달을 맡겼다. 공인은 전국의 장시를 돌아다니거나 수공업자에게 부탁하여 국가에 필요한 물건을 마련했다. 이 과정에서 상품 화폐 경제가 더욱 발달했다.

상업이 발달하자 돈을 많이 번 대상인도 등장했다. 『허생전』에 등장하는 허생 같은 상인이 바로 대상인이다. 허생은 제사 지낼 때 쓰는 물품들을 매점매석해서 떼돈을 벌었다. 앞서 말한 공인, 개성에서 인삼을 주로 파는 송상이 조선 후기 대상인의 대표라고 할 수 있다.

이처럼 조선 후기에는 농업에서 부농이 출현하고, 수공업에서 선대제가 활발해졌다. 그리고 상업에서 대상인이 등장했다. 부농과 선대제 그리고 대상인은 우리 역사에서 근대 자본주의 시대를 만들어 갈 새싹들이었다. 이 자본주의에 바탕을 둔 관계들은 우리의 역사가 정체되지 않고 꾸준하게 발전해 왔다는 증거라는 점에서 소중하다.

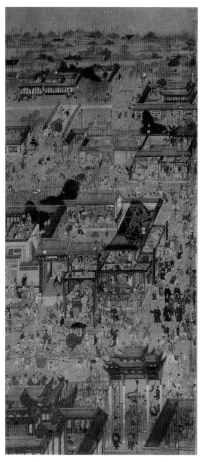

▲ 「태평성시도」 부분

18세기에 중국의 「성시도」를 모방하여 그린 병풍. 인물과 건물은 중국식이지만 곳곳에서 조선식 시장 풍경, 당시 유행했던 문화 등을 찾아볼 수 있다.

그러나 우리는 이 새싹들의 한계 또한 잊어서는 안 된다. 이 새싹들은 조선의 경제 전체에서 차지하는 비중이 크지 않았다. 조선 후기에도 경제의 중심은 여전히 농업이었다. 따라서 이 새싹들은 새로운 근대 사회를 만들어 갈 주체 세력인 상공업자로 성장할 수 없었다. 유럽의 절대 왕정이 중상주의 정책을 펼쳐 상공업 중심의 사회를 만들어 나간 것과는 커다란 차이가 있었다.

조선에서는 중상주의 정책이 채택되지 않았는데, 유럽에서는 어떻게 중상주의 정책으로 산업 혁명이 일어날 수 있었을까? 이제 유럽의 역사 속으로 들어가 보자.

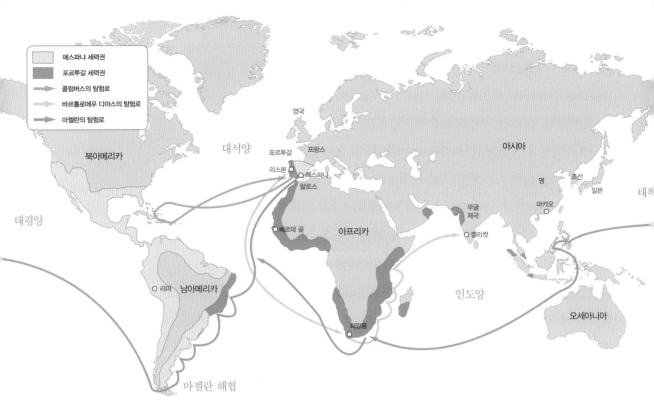

■ 에스파냐 세력권
■ 포르투갈 세력권
→ 콜럼버스의 탐험로
→ 바르톨로메우 디아스의 탐험로
→ 마젤란의 탐험로

북아메리카 | 대서양 | 영국 | 포르투갈 | 프랑스 | 아시아 | 명 | 조선 | 일본 | 태평양

리스본 · 에스파냐 · 팔로스

태평양

베르데 곶 · 아프리카 · 캘리컷 · 무굴 제국 · 마카오

리마 · 남아메리카 · 인도양 · 오세아니아

희망봉

마젤란 해협

중세에서 근대로 - 유럽에서는

신항로 개척 이후 유럽 세계는 어마어마하게 달라졌다. 이제 전 세계적인 규모로 무역을 할 수 있었다. 따라서 상업의 규모가 폭발적으로 커졌고, 상품에 대한 수요도 늘었다. 특히 솜으로 만든 면제품에 대한 수요는 손으로 만들어서는 따라가기가 어려울 지경이었다. 더 많은 상품을 만들어야 했다. 그래서 기계가 발명되었다.

먼저 실을 잣는 기계와 실로 옷감을 짜는 기계가 영국에서 처음으로 발명되었다. 곧이어 제임스 와트의 증기 기관이 출현하면서 비로소 자본주의적인 공장제 기계 공업이 자리 잡았다. 서유럽 국가들은 산업 혁명을 거치면서 중세를 끝내고 본격적인 근대 자본주의 사회로 나아갈 수 있었다. 그리고 먼저 산업 혁명에 성공한 서유럽 국가들이 대외 침략에 나서면서 제국주의 시대가 시작되었다.

그런데 왜 산업 혁명은 동양이 아닌 유럽, 그것도 영국이라는 조그마한 섬나라에서 제일 먼저 일어났을까? 산업 혁명이 일어나기 직전까지 중국의 청나라가 유럽의 여러 국가들보다 경제적으로 더 발전해 있었다. 심지어 청나라는 유럽 전체보다 더 많은 공산품을 생산할 정도로 압도적인 경제 강국이었다. 그런데 청나라에서 먼저 산업 혁명이 일어나지 않은 까닭은 무엇일까? 이제 그 비밀을 파헤쳐 보자.

▲ 콜럼버스
인도를 찾아 나섰다가 아메리카 대륙에 도착한 뒤 그곳을 서인도라고 이름 지은 이탈리아의 탐험가.

● 신항로 개척
콜럼버스, 마젤란 등 탐험가들의 새 항로 발견으로 무역의 중심이 지중해에서 대서양으로 이동했다. 유럽의 상공업자들은 전 세계로 확대된 시장을 바탕으로 대자본을 축적할 수 있었다.

청나라와 유럽의 가장 큰 차이는 지정학, 즉 한 지역 국가들 사이의 관계에 있었다. 16세기 이후 유럽은 고만고만한 나라들이 서로 전쟁을 벌이면서 경쟁하고 있었다. 만약 전쟁에서 패배한다면 국가 자체가 사라질 수도 있었다. 그래서 유럽의 국가들은 필사적으로 전쟁에서 승리하기 위해 군사력을 증강할 수밖에 없었다.

강한 군사력을 유지하기 위해서는 막대한 돈이 필요했다. 앞 장에서 살펴보았듯이 유럽의 절대 왕정은 상공업을 장려하는 중상주의 정책을 통해 전쟁 경비를 확보하려고 노력했다. 이 과정에서 상공업이 발전하고 새로운 사회를 만들어 갈 주체 세력인 상공업자가 시민 계급으로 성장하였다.

유럽의 모든 국가가 소모적인 군비 경쟁을 하면 자칫 국력이 약해질 수도 있었다. 하지만 이런 파멸적인 상황을 피할 기회가 있었다. 바로 16세기에 시작된 신항로 개척이었다. 에스파냐, 포르투갈, 네덜란드, 영국 등의 열강은 아메리카를 비롯한 해외로 진출하였다. 유럽 내부의 군비 경쟁이 해외 침략으로 이어지면서 이들 열강은 자본을 축적할 수 있었다.

영국은 정치적 안정을 바탕으로 강력한 국가로 발돋움했고, 대외 무역과 식민지 팽창을 지휘했다. 특히 석탄과 철이 풍부한 점도 영국에서 제일 먼저 산업 혁명이 일어날 수 있는 요인이 되었다. 요컨대 영국 등 유럽에서는 여러 국가가 군비 경쟁 때문에 중상주의와 대외 팽창 정책을 펼쳤고, 그 과정에서 자본이 축적되어 산업 혁명을 준비할 수

▲▶ 증기 기관차(위)와 제니 방적기
방적기에 이어 방직기와 증기 기관, 증기 기관차가 발명되면서
산업 혁명이 본궤도에 올랐다.

107
07_ 조선의 대장간과 영국의 기계 공장

▲ 산업 혁명이 낳은 근대 공장의 풍경

있었다.

　　그러나 청나라와 조선이 속한 동아시아는 서유럽과 사정이 매우 달랐다. 청나라가 압도적인 힘을 갖고 있었기 때문에 군비 증강 경쟁이 발생할 이유가 없었다. 청나라도 국내 안정을 위해 중상주의보다는 중농주의를 채택했다. 1840년 아편 전쟁 이전까지 청나라는 광저우 단 한 곳에서만 국제 무역을 했을 정도로 국제 무역을 통제했다. 따라서 유럽과 같은 군비 경쟁, 대외 팽창, 자본 축적의 과정이 나타나지 않았다.

　　결국, 중상주의 정책을 채택하지 않은 조선과 청나라는 상공업을 발전시키지 못하고 식민지, 반식민지가 되고 말았다.

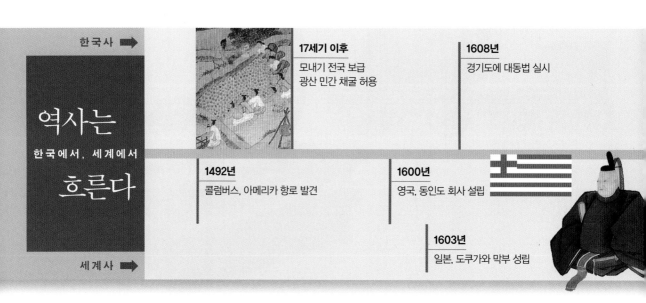

한국사 ➡

역사는
한국에서, 세계에서
흐른다

17세기 이후
모내기 전국 보급
광산 민간 채굴 허용

1608년
경기도에 대동법 실시

1492년
콜럼버스, 아메리카 항로 발견

1600년
영국, 동인도 회사 설립

1603년
일본, 도쿠가와 막부 성립

세계사 ➡

● **기계 파괴 운동** 기계가 사람의 손을 대신하면서 일자리가 줄고 임금 수준도 떨어지자 숙련공들이 기계 파괴 운동을 벌이기도 했다.

LUDDITE

1631년
정두원, 명나라에서
천리경, 자명종, 화포 수입

1645년
소현 세자, 청에서
과학 서적, 천주교 서적 수입

1666년
뉴턴, 만유인력의 법칙 발견

1750년
균역법 실시

1764년
하그리브스,
제니 방적기 완성

1765년
와트, 증기 기관 완성

중세 역사의 주역들_ 8세기의 세계 지도

자유분방 게르만족

　　게르만족은 주로 촌락에 살면서 농경, 목축, 사냥으로 삶을 이어
나갔다. 이들은 통제를 극도로 싫어하는 자유분방한 사람들이었다.
그러니 정치 제도는 꽤 엉성했고 국가라 할 만한 통치 조직도 없었다.

　　그런데　이들에게는　종사제라는　독특한　관습이　있었다.
종사는 자유민이 뽑은 우두머리인 수장에게서 무기와
식량을 공급받고 그 대가로 싸움터에서 충성을
다해　싸우는　계층이었다.　수장과　종사
사이에는 끈끈한 인간적 유대가 흐르
고 있었다. 바로 이 둘의 관계가
중세 봉건제의 시초였다.

프랑크 왕국
○파리

롬바르드
○코르도바

○가나

가나 왕국

마야 제국
○팔렝케
○코판

○모체　　안데스 문명
○나스카
○티아우아나코

세계로 뻗어 나가는 이슬람

이슬람교에는 목사나 신부 같은 성직자가 따로 없었다. 예배를 주관하는 '이맘'은 모범적인 지도자였지 성직자는 아니었다. 그 대신, 이슬람교도라면 누구나 포교의 의무가 있었다. 알라를 믿는 이는 '누구나' 말이다. 그중에서도 평범한 상인, 여행자들이 이슬람교를 전파한 일등 공신이었다. 이슬람 세력이 들어온 지역의 많은 주민들이 자발적으로 이슬람에 귀의하기도 했다. 이처럼 이슬람교는 짧은 시간에 강력한 문화를 형성했다.

하자르 왕국

제국
콘스탄티노플

총령

바그다드   이스파한   코오탄   둔황

렉산드리아   이슬람 제국   발해
          호르무즈   토번   서경

메디나   장안   양저우
메카   카나우지   통일 신라
      아라비아   바르다나 왕조   당
                  발라비 왕조   밍저우
악숨   동칼루키아 왕조   남조   일본
                                교주   광저우
      서칼루키아 왕조
                        드바라바티
                      부남   참파

                  스리위자야 왕조

바 왕국

국

● 외젠 들라크루아, 「민중을 이끄는 자유의 여신」

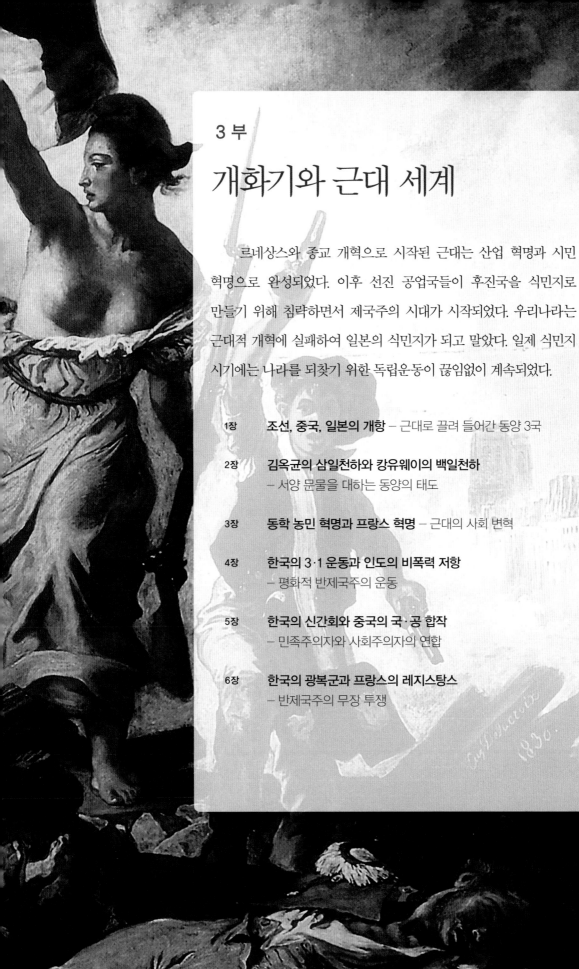

3 부

개화기와 근대 세계

르네상스와 종교 개혁으로 시작된 근대는 산업 혁명과 시민 혁명으로 완성되었다. 이후 선진 공업국들이 후진국을 식민지로 만들기 위해 침략하면서 제국주의 시대가 시작되었다. 우리나라는 근대적 개혁에 실패하여 일본의 식민지가 되고 말았다. 일제 식민지 시기에는 나라를 되찾기 위한 독립운동이 끊임없이 계속되었다.

01

근대로 끌려 들어간 동양 3국

조선, 중국, 일본의 개항

19세기 후반 자본주의가 빠르게 발달했다. 선진 자본주의 국가들은 원료 공급지와 상품 판매 시장을 확보하기 위해 후진국을 침략하여 식민지로 만들었다. 1870년대부터 제국주의라고 하는 이 약육강식의 질서가 전 세계에 자리 잡았으며, 조선이 속한 동아시아도 그 거대한 흐름을 비켜 갈 수 없었다.

▲ 미국의 요구로 개항한 일본과 개항을 거부한 조선
배경 사진 콜로라도호_ 신미년(1871)에 강화도를 침략한 미국 군함.

왼쪽 바탕 사진 속의 배는 1871년 미국이 조선을 침범했을 때 로저스 제독(1812~1882)이 타고 온 미국 군함이다. 당시 조선 사람의 눈에는 이 배가 아주 이상한 모습으로 보였다. 그래서 '모양이 이상하게 생긴 배'라는 뜻에서 이양선(異樣船)이라고 불렀다. 그런데 왜 미국의 군함이 조선을 침범했을까? 오늘날 미국은 우리나라와 가장 친한 나라 중 하나인데 말이다. 도대체 이 시기에 무슨 일이 일어났던 것일까?

1863년 조선에서는 고종(재위 1863~1907)이 임금 자리에 오르면서 그동안 일부 가문이 나랏일을 좌우하는 세도 정치가 끝났다. 그러나 고종은 왕 노릇 하기에는 아직 어려서 아버지인 흥선 대원군(1820~1898)이 모든 나랏일을 맡아보았다. 그는 중화사상의 영향을 받아 서양을 짐승 같은 오랑캐라고 생각한 사람이었다. 그에 따라 조선은 외국과 무역하지 않겠다는, 통상 수교 거부 정책을 공식적으로 내세웠다.

서양인들은 답답했다. 원료도 구하고 제품도 판매할 시장을 확보해야 하는데, 조선이라는 나라는 무역을 하지 않겠다고 고집을 피우고 있었으니 말이다. 어떻게든 조선의 문을 열어젖히려고 호시탐탐 기회를 노리던 그들은 급기야 무력 행동에 나섰다.

선진 자본주의 열강 가운데 프랑스가 조선을 향해 포문을 열었다. 1866년 조선 정부가 프랑스 신부 9명과 조선인 천주교 신자 8,000여 명을 처형한 사건이 그 구실이었다. 천주교도들이 조상에 대한 제사를 거부하고 사회 질서를 부정한다는 이유로 천주교를 탄압한 이 사건은 1866년이 병인년이라서 병인박해라고 불린다. 프랑스는 병인박해를

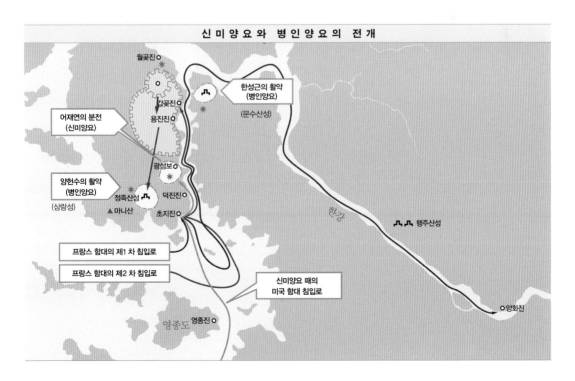

신미양요와 병인양요의 전개

월곶진

한성근의 활약
(병인양요)
(문수산성)

갑곶진
용진진

어재연의 분전
(신미양요)

광성보
덕진진

양헌수의 활약
(병인양요)
(삼랑성)

정족산성
마니산
초지진

한강

행주산성

프랑스 함대의 제1차 침입로

프랑스 함대의 제2차 침입로

신미양요 때의
미국 함대 침입로

양화진

영종도   영종진

▲ 흥선 대원군
1863년 정권을 잡은 대원군은 두 차례의 양요를 막아 낸 뒤 전국 각지에 척화비를 세우는 등 통상 수교 거부 정책을 고수했다.

▲ 척화비
"서양 오랑캐가 침입하는데 싸우지 않으면 화친하자는 것이니, 화친을 주장함은 나라를 파는 것이다."라는 글귀가 새겨져 있다.

구실로 삼고 베이징에 있던 자국 군대를 조선에 투입했다. 그러나 프랑스군은 조선의 완강한 저항에 빈손으로 돌아가야 했다.

다음 차례는 미국이었다. 미국의 아시아 함대 사령관 로저스 제독이 콜로라도호를 앞세우고 강화도 앞바다에 나타났다. 미국에게도 핑계는 있었다. 병인양요가 일어났던 1866년, 대동강에서는 제너럴셔먼호라는 미국 배가 나타나 행패를 부리다가 불에 탄 사건이 있었다. 물론 선원들도 전부 불에 타 죽었다. 미국은 이를 트집 잡아서 1871년에 강화도를 공격했다. 그러나 이때도 조선의 강화도 수비대는 사력을 다해 미국 군대를 물리쳤다.

외국 군대를 두 번이나 물리친 조선은 축제 분위기에 휩싸였다. 이를 기념하기 위해 서울을 비롯한 전국 곳곳에 비석까지 세웠다. 그런데 흥선 대원군의 통상 수교 거부 정책이 올바른 정책이었을까? 나라를 부강하게 만들지는 못하고 다만 일시적으로 외세의 침략을 막아 냈을 뿐 아닌가? 통상 수교 거부 정책은 공장을 세워 나라를 강하게 하는 것이 아니라 다 썩어 가는 조선 봉건 체제의 생명을 잠시 더 연장하는 인공호흡기와 같았다.

흥선 대원군이 권력을 잡은 지 10년 만에 자리에서 물러나면서 통상 수교 거부 정책의 한계가 확연히 드러나기 시작했다. 서양 세력은 운 좋게 물리쳤지만, 정작 가까운 일본이 문제로 떠오른 것이다. 일본 군함 운요호는 1875년 강화도에 나타나 대포를 쏘아 댔다. 일본은 그 전에 프랑스, 미국이 그랬듯 조선에 항구를 열고 근대적 무역을 하자고 요구했다. 프랑스와 미국의 침략을 물리친 조선이었지만 일본의 대포 앞에서는 무릎을 꿇을 수밖에 없었다.

마침 조선에서는 그때까지 통상 수교 거부 정책을 밀어붙이던 흥선 대원군이 물러나면서 이제 일본의 요구를 들어주자는 목소리에 힘이 실리고 있었다. 근대적 무역

▲ 강화도 조약을 맺기 위해 회담하는 조선과 일본 대표(상상도)
1876년에 맺어진 이 조약으로 조선은 부산, 원산, 인천 세 항구를 열고 일본인의 통상을 허가
했다. 이 조약에 이어 체결된 조일 무역 규칙으로 일본 상품에 대한 무관세, 조선 양곡의 무제한
유출 등이 규정됨으로써 일본의 경제적 침략의 발판이 마련되었다.

▲ 일본 군함 운요호
일본은 서양 열강보다 먼저 조선에 진출하기 위해 운요호를 타고 와 강화
도에 상륙하여 살인과 방화를 저질렀다. 그 결과 양국 간에 강화도 조약이
체결되고 문호가 개방되었다.

을 위해 항구를 개방하는 것을 개항이라고 하는데, 박규수
(1807~1877), 오경석(1831~1879) 등 개화 사상가들이 조선의 개항
을 주장하고 있었다.

　　그리하여 1876년 조선은 일본과 최초의 근대적 조약인 강화도 조약을 맺었다. 그러
나 강요로 맺은 강화도 조약에는 조선에 불리한 조항이 많았다. 예를 들면 일본 사람이
우리 땅에서 범죄를 저질러도 우리가 처벌할 수 없다는 치외 법권이 있었다. 일본인은 이
를 믿고 마음대로 범죄를 저지를 수 있었다. 또한 일본 돈을 마음대로 사용할 수 있었던
반면 세금은 한 푼도 내지 않아도 되었다.

　　일본이 열어젖힌 항구로 서구 열강이 무더기로 들어왔다. 1882년 미국을 시작으
로 영국, 러시아, 프랑스 등과 불평등 조약을 체결했다. 이제 조선은 이전의 답답한 나라
모습을 벗고 세계와 만났다. 그러나 세계 여러 나라 앞에 강제로 서게 된 조선의 앞날이
밝기만 했을까?

　　그런데 여기에 의문스러운 점이 하나 있다. 통상 수교 거부 정책을 고집하던 조선의
항구를 연 일본이라는 나라는 조선 전기까지만 해도 조선보다 문화가 뒤떨어져서 조선의
도움을 받은 국가였다. 그러던 일본이 언제, 어떻게 국력을 키웠기에 조선을 강제로 개항

● 치외 법권
범죄를 저지른 외국인을 우리가
재판할 수 없다는 치외 법권은 대
표적인 불평등 조항이다.

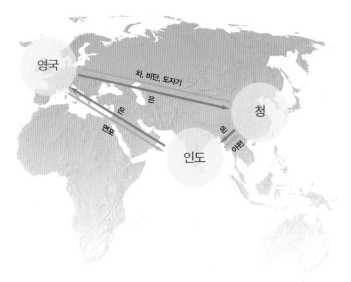

▲ 영국, 인도, 중국의 삼각 무역
영국은 중국의 물품을 사고 은을 내주던 일방적인 무역 관계에서 손해를 보자, 인도의 아편을 중국에 팔아 중국의 은을 회수하는 삼각 무역을 폐했다.

시킬 수 있었던 것일까? 그리고 이제껏 조선이 대국으로 받들며 조공을 바치던 중국의 청나라는 당시 무엇을 하고 있었을까?

근대로 끌려 들어간 동양 3국 – 중국과 일본에서는

1840년 영국은 최신예 군함을 파견해 청나라의 낡은 군함에 포탄을 퍼붓기 시작했다. 영국이 전쟁을 일으킨 이유는 참으로 황당하다.

16세기 신항로 개척 이후 유럽 세력은 앞다투어 아시아에 진출했다. 처음에는 포르투갈과 에스파냐가 선두를 다투었으나 17세기 이후에는 영국과 프랑스가 주도권을 잡았다.

청나라에 진출한 영국은 청나라의 엄격한 통제 때문에 어려움이 많았다. 청나라에서 무역을 허가한 항구도 광저우 단 한 곳뿐이었다. 게다가 청나라는 차, 비단, 도자기 등을 수출하면서도 도무지 영국이 만든 상품을 수입하려 하지 않았다.

이렇게 되자 영국이 물건을 사고 지불한 은이 청나라에 수북이 쌓여 갔고, 영국은 은 부족에 시달렸다. 이 상황에서 영국이 생각해 낸 방법이 바로 청나라에 아편을 팔아서 은을 회수하는 것이었다. 영국은 자기네 식민지인 인도에서 아편을 재배하여 청나라로 밀수출했다.

예나 지금이나 마약은 인간의 정신을 황폐하게 만드는 끔찍한 물건이다. 신사의 나라로 알려진 영국이 자기네 이익을 위해 수많은 중국인을 아편 중독으로 몰아넣었다니, 좀처럼 믿기지 않는다. 그러나 영국의 나쁜 짓은 이게 전부가 아니었다. 중국이 마약을 단속하자 영국은 이에 항의하면서 전쟁을 개시했다(1840).

아편 전쟁이라고 불리는 이 부도덕한 전쟁에서 일방적으로 패한 청나라는 영국의 요구대로 1842년 난징 조약

▶ 아편 곰방대와 부속 도구
아편은 청나라 상류층이 즐기던 호사스러운 취미 중 하나였다. 집에 아편 피우는 방이 따로 있는 경우도 있었다.

을 맺고 문호를 개방했다. 난징 조약에는 다음과 같은 조항들이 들어 있었다. 청나라는 영국에 다섯 곳의 항구를 개항할 것, 청나라는 홍콩을 영국에 150년간 공짜로 빌려줄 것, 청나라는 영국에 배상금을 물어 줄 것……. 그러나 전쟁의 원인이었던 아편 문제는 아예 언급조차 없었다. 청나라는 영국에 무릎을 꿇었기 때문에 이렇게 불평등한 조약을 맺어야 했다.

얼마 후에는 영국과 프랑스가 애로호 사건(1856)을 핑계 삼아 청나라의 수도인 베이징을 무력으로 점령했다. 천하의 중심이라고 자부하던 청나라가 종이호랑이임이 드러난 사건이었다. 결국 청나라는 서양 열강의 반(半)식민지로 전락했다.

압도적인 세계 최강국이던 중국이 이렇게 무너진 반면 일본은 빠르게 발전하고 있었다. 일본은 비유럽 국가 중 유일하게 제국주의 국가가 될 수 있었다. 왜 동아시아 3국 중 일본에서만 이런 일이 가능했을까?

일본도 청나라나 조선과 마찬가지로 처음에는 서양 세력에 대해 통상 수교 거부 정책을 폈다. 단지 네덜란드와 얼마간 교류를 했을 뿐이었다. 그러자 미국이 일본을 개항시키기 위해 나섰다. 1853년 페리 제독이 흑선을 타고 일본에 나타나 개항하지 않으면 무력을 사용하겠다고 위협했다. 이에 일본은 1854년 하는 수 없이 항구를 열었다.

일본은 아편 전쟁 이후 청나라가 서양 세력에 굴복하는 것을 보고 위기의식 속에 변화하기 시작했다. 청나라와 조선은 근대로의 이행기에 중앙 집권 체제가 점차 허물어

◀ **아편 전쟁(1840~1842)**
영국의 최신예 전함 네메시스호가
청나라의 정크선을 격파하는 장면.

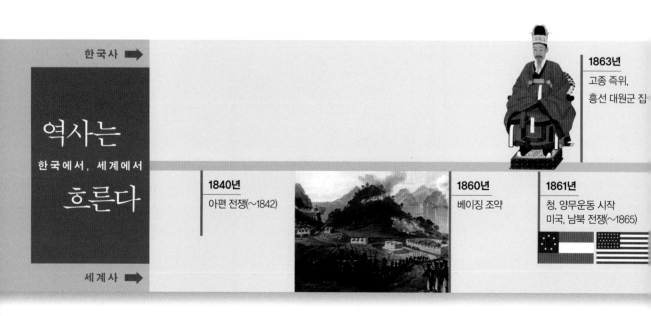

▲▶ 전화기와 다리미
개화기 이후 조선에 들어온 대표적인 신문물. 최초의 전화기는 1896년 경운궁 안에 설치되었다.

져 가고 있었다. 그러나 변화를 택한 일본은 1868년 메이지 유신을 통해 지방 분권적인 체제를 개편하여 근대적인 중앙 집권 국가를 수립했다.

역사적으로 자본주의와 국가가 한 몸이 되었을 때 근대화에 성공했다. 일본은 위기의식 속에서 근대적 중앙 집권 국가를 수립하여 자본주의로의 이행을 총지휘했다는 점이 근대화 성공의 가장 큰 열쇠였다고 볼 수 있다.

또 하나 청나라나 조선과 다른 일본만의 특징이 있었다. 바로 260개 소국의 경쟁이다. 앞 장에서 보았듯이 서유럽은 지정학적 요인으로 여러 국가가 군비 경쟁을 벌이는 과정에서 산업화, 대외 팽창, 자본 축적을 통해 근대화에 성공했다. 일본도 지방 분권적 260개의 소국(번국)이 군비 경쟁을 하면서 동아시아 다른 나라들의 한계를 극복할 수 있었다. 이후 뒤늦게 조선 침략, 청·일 전쟁, 러·일 전쟁 등을 벌이면서 다른 국가들과의 군사 대결에서 승리하면서 근대화에 성공했다.

결국 19세기 말에 동아시아 3국 중 일본만 자주적 근대화에 성공할 수 있었다. 그 가장 중요한 이유는 소국들의 경쟁을 통해 중앙 집권적 국가 권력을 수립했다는 점이었다. 이와 반대로 청나라와 조선은 오히려 중앙 집권제가 무너졌기 때문에 근대화에 성공할 수 없었다.

역사는
한국에서, 세계에서
흐른다

한국사 ▶

1863년
고종 즉위,
흥선 대원군 집

세계사 ▶

1840년
아편 전쟁(~1842)

1860년
베이징 조약

1861년
청. 양무운동 시작
미국, 남북 전쟁(~1865)

1899년 서대문과 청량리를 오가는 전차가 운행을 시작했고 거리에 전신주와 신식 건물이 들어섰다.

1866년
천주교 탄압, 병인양요

1871년
신미양요

1876년
일본과 강화도 조약 체결

1873년
흥선 대원군 실각,
고종 친정

1868년
일본, 메이지 유신

1871년
독일 통일

02

서양 문물을 대하는 동양의 태도

김옥균의 삼일천하와 캉유웨이의 백일천하

선진 자본주의 국가의 식민지가 될 위험 앞에서 후진국들은 스스로 근대화를 추진했다. 중국에서는 양무운동,

변법자강 운동, 삼민주의 혁명 운동 등이 일어났고, 일본에서는 메이지 유신이 일어났다. 조선도 예외는

아니었다. 이러한 근대화 운동은 안으로 낡은 체제를 극복하고 밖으로 제국주의의 위협을

물리쳐야 한다는 이중의 과제를 안고 있었다.

▲ 개화를 주도한 사람들. 캉유웨이(청나라), 김옥균(조선), 후쿠자와 유키치(일본)

배경 그림 김옥균 암살 상상도_ 김옥균은 갑신정변(1884) 실패 후 일본에서 망명 생활을 하다가 결국 상하이의 한 여관에서
조선이 보낸 자객 홍종우에게 암살당했다(1894).

왼쪽 바탕 그림에 등장하는 인물은 조선의 근대화를 주장하다 결국 객지에서 운명을 다한 청년 김옥균(1851~1894)이다. 그는 조선의 개항 이후, 조선을 근대 국가로 만들기 위해 33세의 젊은 나이에 갑신정변(1884)이라는 근대화 운동을 주도했다. 젊은 김옥균이 본 조선의 모습은 어떠했으며, 그는 조선을 어떻게 변화시키려고 했을까?

김옥균은 지체 높은 양반 가문의 자제였다. 그러나 그는 조선이 양반제를 유지해서는 근대적인 발전을 이룩할 수 없음을 알았다. 그래서 일찍이 개화에 성공한 일본으로 눈을 돌렸다. 특히 일본의 개화 사상가 후쿠자와 유키치(1835~1901)의 부국강병 사상이 김옥균에게 큰 영향을 주었다.

▲ 별기군
1881년 창설된 신식 군대의 군인 모습. 러시아제 베르당 소총을 들고 있다.

조선은 개항 이후 여러 분야에서 근대적인 개혁 조치를 단행했다. 우리보다 먼저 개항한 청나라와 일본을 본받기 위해 사절단을 파견했다. 신식 군대인 별기군을 만들고, 무기를 제조하는 기기창도 설립했다. 이렇게 개화 정책이 진행되고 있을 때 예기치 않은 사건이 발생했으니, 바로 1882년의 임오군란이다. 조선 정부가 신식 군대인 별기군에게만 좋은 대우를 해 주고 구식 군대는 차별하자 구식 군대가 개화 정책에 불만을 품고 반란을 일으킨 것이다.

임오군란이 일어나자 흥선 대원군(1820~1898)이 다시 정권을 잡고 옛날 조선의 방식으로 돌아가려고 했다. 그러나 이런 시도는 오래가지 못했다. 청나라 군대가 들어와 반란군을 제압하고 대원군을 청나라로 끌고 갔기 때문이다. 임오군란은 그렇게 끝이 났지만 이 사건이 조선의 개화파에게 준 충격은 결코 작지 않았다.

당시 조선의 개화파에는 두 부류가 있었다. 한쪽에는 조선이 근대화를 신속하게, 그리고 철저하게 밀어붙여야 한다고 생각한 사람들이 있었다. 이런 생각을 가진 사람으로는 갑신정변을 주도한 김옥균, 박영효(1861~1939) 등이 있었는데 이들을 급진 개화파라고

조선 개화의 주역들과 그 현장

▲ 온건 개화파 김홍집(좌)과 급진 개화파 김옥균(우)
개화파는 조선의 근대화의 필요성에는 공감했지만 근대화의 속도를 두고 두 진영으로 갈라졌다. 근본적이고 급진적인 개화 정책을 주장한 김옥균은 갑신정변을, 점진적인 개혁을 주장한 김홍집은 갑오개혁을 주도했다.

▶ 1883년 미국에 파견된 조선 보빙사 민영익 일행
우리나라 최초의 구미 사절단인 보빙사 일행. 1883년 선진 문물 시찰차 40일간 미국을 순방하고 돌아와 찍은 기념사진으로, 앞줄 왼쪽에서 네 번째 인물이 민영익이다.

▲ 서울 종로구 견지동의 우정국
역참제였던 통신 제도를 근대화하기 위해 1884년 우정국이 설립되었는데 이 우정국의 개국 축하연에서 갑신정변이 일어났다. 정변이 실패하면서 통신 개혁은 10년 뒤로 미루어진다.

부른다. 이들은 일본의 메이지
유신을 본받아 사회의 모든 것
을 뜯어고치려고 했다. 이들은
서양의 과학 기술뿐 아니라 종
교, 정치 제도까지 전부 받아
들이자고 주장했다.

한편, 개화에는 찬성하지
만 개화의 시기나 방법에 의
견을 달리하는 온건 개화파
가 있었다. 그들은 정치 제도
나 신분 제도는 그대로 두고 서양의 기술만 수용하자고 주장했다. 서양이 동양보다 나
은 것은 기술뿐이므로 동양의 정신이나 제도는 그대로 유지하자는 것이었다. 김홍집
(1842~1896)이 대표적인 온건 개화파였다. 이들은 중국의 근대화 운동인 양무운동을 모델
로 삼았다.

임오군란으로 개화 정책에 제동이 걸리자 김옥균을 비롯한 급진 개화파는 답답해
졌다. 개화 정책의 속도가 느려지고 일부는 아예 폐지되었기 때문이다. 결국 이들은 정
변을 일으켜 무력으로 권력을 잡은 다음 개혁을 신속하게 추진하기로 결심했다. 마침내
우편 업무를 담당하는 우정국이 문을 여는 날, 급진 개화파가 갑신정변을 일으켰다. 일
단 성공이었다. 그러나 또다시 청나라 군대가 들어와 이들을 무력으로 진압하면서 갑신
정변은 3일 만에 실패로 돌아갔다.

급진 개화파는 갑신정변을 통해 조선을 어떻게 바꾸려 했던 것일까? 전제 군주제
를 입헌 군주제로, 봉건제를 자본주의 경제 제도로 바꾸고자 했다. 그리고 신분제를 없
애려 했다. 이런 점에서는 조선이 가야 할 올바른 방향을 제시했다고 평가할 수 있다.

그러나 그들에게는 한계가 많았다. 우선 민중의 힘을 믿지 않았다. 민중은 무지해
서 자신들과 함께 개혁을 이끌 수 없다고 생각했다. 그래서 일본 세력을 끌어들였다.
그러나 정작 일본은 청나라와의 군사적 충돌을 우려하여 적극적으로 협조하지 않았다.

갑신정변이 실패한 가장 큰 원인은 주도 세력이 너무 약했다는 데 있었다. 갑신정
변에 참여한 사람들은 개화사상에 관심 있는 몇몇 양반 자제들뿐이었다. 그들을 지지

태평천국 운동의 전개

- ➤ 태평천국군의 진로
- ▨ 태평천국의 주요 활동 범위
- ➤ 영·프 연합군의 진로

베이징 ◎
톈진 ○
카이펑 ○
시안 ○
한중 ○
난징 ○
상하이 ○
주장 ○
항저우 ○
창사 ○
구이린 ○
진텐춘 ○
마카오(포) ○ ○ 홍콩(영)

태평천국 운동은 1851부터 1864년까지 농민을 중심으로 구성된 종교 집단이 벌인 운동이었다. 이들은 청나라 타도와 평등한 사회 건설을 목표로 삼았다.

해 줄 폭넓은 개화 세력은 아직 형성되어 있지 않았다.

조선의 개화 세력이 약했던 것은 조선의 자본주의 경제의 발전이 아직 미미했기 때문이다. 앞에서 살펴보았듯이 조선은 이때까지도 선대제의 단계에 머무른 채 매뉴팩처 단계에는 이르지도 못한 상태였다. 그 결과, 근대 자본주의 경제를 수립하기 위한 정치·경제 개혁을 지지해 줄 계층이 두텁지 않았던 것이다.

조선의 근대적 개혁이 이렇게 우여곡절을 겪고 있을 때, 청나라는 어떤 상황이었을까? 조선의 온건 개화파가 청나라를 모델로 하고, 급진 개화파가 일본을 모델로 삼았다는 점을 기억하면서 청나라의 근대화를 둘러보자.

서양 문물을 대하는 동양의 태도 – 중국에서는

아편 전쟁에서 영국에 힘없이 패한 청나라는 위기 상황을 맞았다. 외국에 줄 배상금을 마련하려고 민중에게 세금을 많이 걷어야 했다. 그래서 백성들의 삶은 더욱 힘들어졌다. 이런 상황에서 민중이 힘을 뭉쳐 일어난 운동이 태평천국 운동(1851~1864)이다.

나약한 청나라 정부는 태평천국 운동을 효과적으로 진압할 수 없었다. 한족 관료들이 의용군을 만들어 진압에 나서고 외국의 지원군이 도착했을 때에야 겨우 이 운동을 진압할 수 있었다.

아편 전쟁과 태평천국 운동을 겪으면서 중국인은 서양 무기와 기술의 우수함을 확인했다. 이런 깨달음이 1861년의 양무운동으로 나타났다. 양무운동은 조선의 온건 개화파가 모델로 삼은 개혁으로, 사상과 제도는 바꾸지 않고 서양의 기술만 받아들이자는 운동이었다. 이 운동은 주로 서양의 무기 제조 기술을 본받으려는 노력으로 전개되었다.

그러나 부국강병을 이루자는 양무운동이 일어났음에도 청나라는 일본과의 청·일 전쟁(1894~1895)에서 힘 한번 못 써 보고 패배하고 말았다. 그러자 양무운동에 대한 반성의 목소리가 터져 나왔다. 정치가 바뀌지 않고서는 경제도, 과학 기술도 바뀔 수 없다는 사실을 깨달은 것이었다. 그래서 이번에는 서양의 과학 기술뿐 아니라 서양의 정치 제도도 받아들여야 한다는 변법자강 운동이 1898년에 시작되었다.

▲ 캉유웨이(좌)와 서태후(우)
캉유웨이는 입헌 군주제 수립과 과거 제도 폐지, 교육 제도 개혁, 산업 진흥 등을 주장했다. 그러나 서태후를 중심으로 한 보수파의 쿠데타로 변법자강 운동은 실패하고 말았다.

정치 제도를 근대적으로 바꾸어 나라를 부강하게 하자는 변법자강 운동은 개혁 지도자 캉유웨이(1858~1927)의 주도 아래 강력하게 진행되었다. 그러나 이 운동은 청나라의 실권자였던 서태후(1835~1908) 등 보수파의 탄압을 받고 100일 만에 실패하고 말았다. 정치가 변하지 않으면 경제 개혁도 완성할 수 없다는 사실을 다시 한번 보여 준 사건이었다.

청나라 내부에서 전개된 개혁 운동이 모두 실패로 끝나자 실망한 사람들은 새로운 방법을 찾아 나섰다. 이번에는 아예 만주족이 세운 청나라 왕조를 타도하자는 운동이 일어났다. 낡은 왕조 체제를 무너뜨리고 근대적인 정치 체제를 세워야만 서양 제국주의 세력을 막아 낼 수 있다고 생각한 것이다.

이 운동을 주도한 사람이 바로 쑨원(1866~1925)이었다. 쑨원은 중국 동맹회를 결성하고 민족 독립, 민권 확립, 민생 안정이라는 삼민주의를 내세웠다. 민족 독립이란 만주족이 세운 청나라를 타도하고 한족의 새로운 국가를 세우자는 주장이다. 민권 확립이란 모든 국민이 정치적으로 평등한 권리를 갖자는 것이다. 마지막으로 민생 안정은 경제적 불평등을 없애자는 뜻을 담고 있다.

쑨원을 중심으로 한 혁명파는 마침내 1911년 신해혁명을 일으켜 청나라 왕조를 타도하고 중화민국 정부를 수립하는 데 성공했다. 이로써 중국에는 전제 군주제가

▶ 태평천국이 농민에게 균등히 나누어 준 땅문서와 천왕의 옥새(위)
전족용 가죽신(아래)
태평천국은 중국 부녀자를 괴롭히던 전족을 비롯하여 노예 매매, 매매혼, 음주, 도박 등을 금지하고 남녀 평등권을 인정했다.

| 중국의 근대화 운동 |

양무운동

"중국의 제도를 그대로
두고 서양의 기술만 받
아들이자."

▼

변법자강 운동

"기술뿐만 아니라 정치
제도까지 개혁하자."

▼

삼민주의 혁명 운동

"청조를 타도하고 한족
중심으로 공화제를 수
립하자."

● 공화제
전제 군주제는 주권이 왕에게 있
는 정치 체제인 반면 공화제는 주
권이 국민에게 있는 정치 체제이
다.

막을 내리고 공화제 국가가 출현했다. 그렇지만 중국의 근대화는 이후에도 많은 어려움을 겪게 된다. 제국주의 세력 그리고 각지에서 일어난 군벌들 때문이었다. 이 이야기는 다음 장에 이어서 하기로 하자.

지금까지 살펴보았듯 제국주의 세력이 식민지를 만들기 위해 동아시아를 침략하는 상황에서 조선과 중국은 근대화 운동을 일으켰다. 동아시아는 워낙 전통이 깊고 유구했기에 전통적인 정치 체제는 그대로 두고 서양의 과학 기술만 받아들이자는 근대화 운동도 나타났다. 중국의 양무운동 세력과 이를 본받은 조선의 온건 개화파가 이에 해당한다. 그러나 이들의 개혁이 실패함으로써, 정치 제도를 근본부터 바꾸지 않고 기술만 받아들이려는 시도는 성공할 수 없다는 사실이 드러났다.

그런가 하면 삼일천하로 끝난 조선의 갑신정변과 백일천하로 끝난 청나라의 변법자강 운동은 정치 제도가 단 몇 사람의 노력만으로는 변화할 수 없다는 교훈을 알려 주었다. 갑신정변과 변법자강 운동은 바람직한 방향으로 나아가려 했으나, 자신들을 뒷받침할 수 있는 세력을 모으지 못했다. 혁명 세력이 강하지 못했기에 이 운동들은 보수파의 공격에 맥없이 무너질 수밖에 없었다.

혁명 세력을 강하게 하기 위해서는 민중 속에 뿌리내리는 것이 중요하다. 쑨원이 내세운 삼민주의는 바로 민중과 혁명 세력을 이어 주는 통로 역할을 했다. 혁명 세력과 민중이 함께할 수 있는 기반이 마련된 중국에서는 변법자강 운동의 한계를 극복하고 청나라라는 거대한 제국을 안으로부터 무너뜨릴 수 있는 힘이 생겨났다. 안타깝게도 조선의 혁명 세력은 민중과 결합하지 못하고 일본의 식민지가 되는 운명을 막아 낼 수 없었다.

한국사 ➡

역사는
한국에서, 세계에서
흐른다

세계사 ➡

1881년
조사 시찰단과 영선사 파견

1882년
임오군란
미국과 통상 조약 체

1861년
중국, 양무운동 시작

1868년
일본,
메이지 유신

1880년
이홍장,
중국 해군 창설

● 신해혁명의 주역 쑨원

중국에서는 지난 2,000년간 지속된 전제 정치가 신해혁명으로 무너지고 공화국이 탄생했다.

1883년	1886년	1889년
한성순보 발간	육영 공원 설립	함경도에 방곡령 실시

1884년
갑신정변

1885년
제1회 인도 국민 회의 개최

1889년
중국, 서태후 섭정 끝나고 광서제 친정 시작
일본, 메이지 헌법 공포

1898년
중국, 변법자강 운동

03

근대의 사회 변혁

동학 농민 혁명과 프랑스 혁명

17세기 영국의 명예혁명, 18세기 프랑스 혁명은 중세의 신분 질서를 타파하고 근대적인 시민 사회를 열었다.

19세기 동학 농민 혁명은 조선 봉건 사회를 송두리째 뒤흔든 변혁 운동이었으나 안타깝게도 실패하고 말았다.

▲ 혁명으로 목이 잘린 루이 16세와 목이 잘려 혁명을 부른 최제우

배경 사진 전주성에 무혈입성하는 동학 농민군 모습을 새긴 동판

왼쪽 바탕 사진을 보자. 농민들의 표정이 예사롭지 않다. 무언가를 강력하게 외치는 자도 있고 입을 굳게 다문 자도 보인다. 손에 칼과 죽창을 든 모습을 보니 농사를 짓자고 모인 것은 아닌 게 분명하다. 그들의 선두에는 동학이라는 종교의 지도자 중 한 명인 전봉준(1854~1895)이 있다. 때는 조선이 개항을 한 지도 18년이 지난 1894년. 농민들의 눈에는 뭔가 큰일을 하려는 듯한 결의가 가득하다.

조선의 농촌에 무슨 일이 있었기에 농사를 짓고 있어야 할 농민들이 무기를 들고 나서게 되었을까? 이 의문을 풀어 보면 우리는 19세기 후반 조선에 닥친 총체적인 위기의 실체를 알 수 있을 것이다.

경상도 경주의 몰락한 양반 중에 최제우(1824~1864)라는 사람이 있었다. 그는 1860년에 동학이라는 새로운 종교를 만들었다. 동학이란 '동양의 학문'이라는 뜻으로 서양의 학문인 서학에 반대한다는 목적을 담고 있었다. 서학은 천주교를 가리키는 말이다.

동학은 서양 세력의 동양 침략에 반대했다. 또한 동학은 모든 사람이 평등하다고 주장했다. 이러한 평등사상에는 조선의 신분제를 부정한다는 의미가 담겨 있었다. 조선 정부는 조선 사회의 근본 틀인 신분제를 부정한다는 이유로 동학을 금지했다. 또 동학의 창시자인 최제우가 백성을 속인다는 죄목으로 그를 사형에 처하기까지 했다.

그러나 신분제 때문에 고통받고 있던 백성들은 동학에 푹 빠졌다. 특히 당시 인구의 대다수를 차지하던 농민 가운데 동학의 신도가 된 사람이 많았다. 서양 세력의 침략과 신분제 때문에 이중으로 고통받던 농민들이 동학에서 희망을 찾은 것이다.

1876년 개항 이후 조선 사회의 혼란은 깊어만 갔다. 국가의 기강이 흐물흐물해지면서 지방 관리들은 농민을 더욱 가혹하게 수탈했다. 이에 더해 개항 이후에는 일본 상인까지 들어와 농민을 못살게 굴었다. 영국에서 기계로 만든 면직물을 가져다가 농민들에게 비싸게 팔고 그 대가로 쌀을 마구 가져갔다. 그러자 쌀값이 올라서 살기가 더 어려워졌다.

이런 상황에서 문제의 발단은 전라도 고부의 군수 조병갑이었다. 그가 농민들에게서 세금

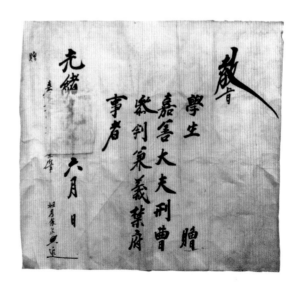

▲ 이름이 빈 교지(1893)
교지는 왕이 벼슬을 임명하는 문서인데 이 교지는 이름 부분이 비어 있다. 돈을 내고 이름을 쓰면 과거 시험을 보지 않고도 벼슬에 오를 수 있는 당시의 부패한 실상을 드러낸다.

동학 농민 혁명의 전개

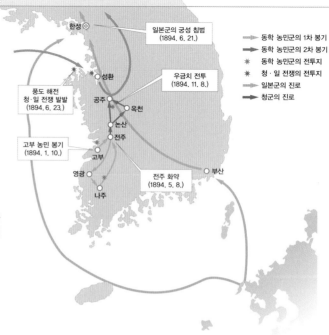

일본군의 궁성 침범
(1894. 6. 21.)

풍도 해전
청·일 전쟁 발발
(1894. 6. 23.)

우금치 전투
(1894. 11. 8.)

고부 농민 봉기
(1894. 1. 10.)

전주 화약
(1894. 5. 8.)

한성
성환
공주
옥천
논산
전주
고부
영광
나주
부산

➡ 동학 농민군의 1차 봉기
➡ 동학 농민군의 2차 봉기
✳ 동학 농민군의 전투지
✴ 청·일 전쟁의 전투지
➡ 일본군의 진로
➡ 청군의 진로

▲ 동학의 창시자 수운 최제우
인간 평등과 존엄성을 중시하는 동학을 창시했다. 동학 사상은 신분 차별과 외세 침략에 반대하는 농민들에게 정신적 구심점 역할을 했다.

◀ 만석보 유지비
1892년 고부 군수로 부임한 조병갑은 백성을 동원하여 만석보를 쌓았다. 그러나 물을 사용한 세금을 과도하게 걷어 자기가 가로챘고 이에 항의한 농민들은 관아로 끌려갔다. 결국 1894년 동학 농민 혁명의 시발점이 되는 고부 봉기가 일어났다. 동학 농민 혁명을 기념하는 이 비석은 1973년 만석보가 있던 자리에 세워졌다.

▲ 동학 농민군의 지도자 전봉준
동학 농민군이 일본군과 관군에 의해 진압되자 전봉준은 후퇴했으나 밀고로 체포되고 말았다. 그는 다리가 부러지고 머리를 다친 터라 가마를 타고 재판소로 이송되었고 이후 교수형을 선고받았다.

을 마구 걷어 가자 참다못한 고부 농민들은 마침내 들고일어났다. 봉기한 농민들은 관청을 점령하고, 관청의 창고에 있던 곡식을 가난한 사람들에게 나누어 주었다. 고부에서 시작된 농민 봉기는 동학을 믿는 농민들에게로 확산되어 전라도 일대를 휩쓸었다. 동학 농민군은 나쁜 관리들을 제거할 것, 신분제를 폐지할 것, 일본인과 내통한 자를 처벌할 것 등을 주장했다.

그 가운데 가장 중요한 요구 사항은 신분제 철폐였다. 농민들은 신분제 때문에 조선 시대 내내 양반 관리들에게 시달렸던 것이다. 신분제 폐지는 새로운 근대 사회를 만드는 데

▲ 일본의 청·일 전쟁 기록화

동학 농민 혁명을 진압하기 위해 조선에 주둔한 청나라와 일본 사이에 벌어진 전쟁을 일본의 눈으로 기록한 그림. 독일의 군사 기술로 무장한 일본군은 청나라 군대에 연승을 거두고 시모노세키 조약(1895)을 체결했다.

가장 필요한 개혁이기도 했다. 그래야 자유롭고 평등한 세상을 만들 수 있었다.

대나무로 만든 창, 곡괭이, 낫 등으로 무장한 동학 농민군은 관군을 무찌르면서 진군하여 전라도에서 가장 큰 도시였던 전주까지 점령했다. 그동안 양반들 때문에 겪은 고통 때문에 화가 날 대로 난 농민군을 관군은 도저히 당해 낼 수가 없었다. 당시 정부는 심하게 썩어 있었기 때문에 반란을 진압할 능력이 거의 없었다.

그러나 이렇게 승승장구하던 동학 농민군에게 위기가 닥쳤다. 조선 정부가 청나라에 도움을 요청한 것이다. 동학 농민군을 진압하기 위해 청나라 군대가 조선에 들어왔다. 그러자 일본군도 조선에 대한 영향력을 청나라에 빼앗기지 않으려고 덩달아 조선에 상륙했다.

두 나라 군대는 조선 땅을 싸움터 삼아 전쟁을 벌였다(청·일 전쟁, 1894~1895). 일본이 전쟁 와중에도 우리나라에 개혁을 강요하는 등 내정을 간섭하자, 동학 농민군은 일본군을 상대로 다시 전쟁을 벌여 나갔다. 동학 농민군은 용감히 싸웠지만 끝내 일본군과 관군의 연합군에 패배하고 만다. 농민군은 군사 훈련을 제대로 받은 적도 없고 좋은 무기도 없었기 때문이다.

그런데 일본군은 동학 농민군을 무찌른 뒤에도 일본으로 돌아가지 않았다. 그들의 진짜 목적은 조선을 식민지로 삼는 것이었기 때문이다. 일본은 조선에 머물기 위한 구실로

우리에게 개혁을 강요했다. 그 결과 조선 정부는 신분제를 폐지하는 등 근대적인 개혁을 실시했다. 이를 갑오개혁이라고 한다. 동학 농민군이 목숨을 내놓으며 부르짖어도 끄떡없던 신분제가 외세의 간섭으로 폐지된 셈이다.

그러나 갑오개혁은 일본의 강요로 시작된 만큼 일본의 간섭이 심해서 한계가 많았다. 예를 들어 조선 스스로 군사력을 키울 수 있는 개혁은 이루어지지 않았다. 일본의 꿍꿍이는 조선을 식민지로 만드는 것이었으니 당연한 노릇이었다. 동학 농민군이 꿈꾸던 신분제 폐지는 실현되었으나, 조선은 점점 더 일본의 식민지가 되는 방향으로 떠밀려 가고 있었다.

조선에서는 신분제가 폐지된 근대 사회가 일본의 간섭과 함께 시작되었다. 우리 스스로 중세의 사슬을 끊고 자주적인 근대 사회로 나아갈 길은 없었을까? 서유럽 사회는 무엇이, 얼마나 달랐기에 시민의 힘으로 신분제를 폐지할 수 있었을까?

근대의 사회 변혁 – 프랑스에서는

아래 그림을 보자. 누군가 군중 앞에 잘린 목을 들어 보이고 있다. 누구일까? 한때는 프랑스의 국왕이었던 루이 16세(재위 1774~1792)이다. 혁명을 일으킨 프랑스의 성난 민중은 왕을 단두대로 보내 버렸다. 사람들에게 있어 왕이라는 존재는 민중을 괴롭히는 낡은 신분제를 지탱하는 버팀목을 뜻했기 때문이다.

▶ 루이 16세의 처형 (1793)

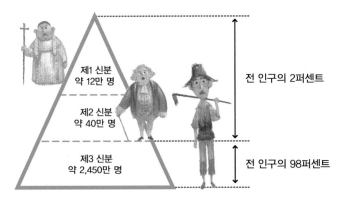

제1 신분
약 12만 명

전 인구의 2퍼센트

제2 신분
약 40만 명

제3 신분
약 2,450만 명

전 인구의 98퍼센트

▲ 혁명 전 프랑스의 신분 제도

동학 농민 혁명과 마찬가지로 프랑스 혁명이 일어난 근본적인 원인 역시 신분제였다. 혁명 전 프랑스 사회는 신분제가 유지된 사회였다. 이 사회의 지배층은 제1 신분인 성직자와 제2 신분인 귀족이었다. 이 두 신분은 전체 인구의 2퍼센트밖에 되지 않는데도 20퍼센트 이상의 막대한 토지를 소유하고 있었다.

성직자와 귀족은 모든 관직과 특권을 독점하고 세금은 한 푼도 내지 않았다. 반면 제3 신분이라고 불리던 98퍼센트의 사람들은 대다수가 농노였다. 이들은 이사도 마음대로 못 하고 거의 노예처럼 살고 있었다.

농노 중에는 귀족 영주가 지배하는 장원을 벗어나서 자유를 찾아 도시로 도망친 사람들도 꽤 있었다. 당시 법에 따르면 도망친 농노는 1년 하고 하루가 지나면 자유인이 될 수 있었다. 도망에 성공한 농노들은 도시민이 되었다. 그들은 주로 상업과 공업에 종사하며 많은 돈을 벌었다. 경제적으로 힘을 키운 이들을 부르주아지라고 불렀다. 이들은 점차 자신들만 세금을 내는 세상, 자신들을 차별하는 세상에 불만을 품게 되었다.

● 부르주아지
'부르주아'는 성벽으로 둘러싸인 도시에 사는 사람이라는 뜻. '부르주아지'는 '부르주아'의 복수형이다.

그래서 부르주아지는 자기들과 비슷하게 차별받고 있던 노동자, 농노들을 설득했다. 성직자와 귀족은 손가락 하나 까딱하지 않고 놀면서 잘사는데 부르주아지, 농노, 노동자가 못사는 것은 다 신분제 때문이라면서 말이다. 이들은 힘을 모아 신분제를 폐지하여 모두가 평등하고 자유로운 세상을 만들자고 약속했다.

차별받던 제3 신분은 힘을 모아 신분제를 폐지하는 혁명에 성공했다. 이 혁명으로 노예나 농노 등 사회적으로 차별받는 사람도, 특권을 누리는 귀족도 없어졌다.

그러나 한 가지 중요한 것이 있다. 법적으로 신분 차별이 없어졌다고 해서 모두가 자유롭

▶ 프랑스 혁명력과 혁명 시계
프랑스 사람들은 공화정이 시작된 1792년 9월 22일을 1월 1일로 하는 혁명 달력을 만들고 각 달에는 그들의 자연에 어울리는 이름을 붙였다. 예컨대 가을인 2월은 "안개의 달", 봄인 7월은 "씨앗의 달", 여름인 11월은 "열의 달"이다. 또한 시간 단위도 10진법으로 통일하여 1일은 10시간, 1시간은 100분, 1분은 100초로 했다.

▲ 경찰에 연행되는 영국의 참정권론자 에멀린 팽크허스트

팽크허스트는 여성의 정치 참여를 억압하는 의원 후보의 연설을 방해하고 단식 투쟁을 벌이는 등의 전술을 썼다. 영국에서는 1928년, 프랑스에서는 1946년, 한국에서는 1948년에 일정 연령 이상의 모든 국민이 투표할 수 있는 보통 선거가 실시되었다.

고 평등해진 것은 아니었다는 점이다. 예를 들어 돈이 없는 사람들은 똑같은 국민이어도 선거를 할 수 없었다. 혁명이 성공한 뒤 권력을 잡은 부르주아지는 치사하게도 국가에 세금을 내는 부자들에게만 투표권을 주었기 때문이다.

인류의 절반을 차지하고 있는 여성도 투표권을 얻지 못했다. 여자는 정치에 관심이 없다는 식의 편견 탓이었다. 부르주아지는 모든 사람이 자유롭고 평등한 세상을 만들자고 약속하더니 권력을 잡고 나서는 힘없는 사람들을 배신하고 자기들만 잘사는 사회를 만들었다.

배신당한 가난한 노동자와 농민 그리고 여성들은 투표권을 달라고 투쟁에 나설 수밖에 없었다. 힘들고 기나긴 투쟁 끝에 이들의 노력은 열매를 맺었다. 1928년 영국에서 일정 연령에 달하는 모든 사람에게 투표권을 주는 보통 선거가 실시되면서, 비로소 모두가 투표권을 갖는 평등한 세상이 시작되었다.

중세 봉건제에서 근대 자본주의 사회로 넘어가기 위해서는 신분제가 폐지되어야 했다. 똑같은 인간인데 누구는 태어날 때부터 귀족이 되고 누구는 노예가 될 수는 없었다. 불평등을 없애고 모두가 자유롭고 평등한 세상을 만들어야 했다.

조선에서는 동학 농민 혁명이 일어나 신분제를 폐지하기 위해 싸웠다. 썩어 빠져서 힘이 없던 조선 정부군은 성난 농민군의 상대가 되지 못했다. 그러나 안타깝게도 일본군이 들어와 농민군을 진압했다. 결국 신분제 폐지는 우리 스스로의 힘이 아니라 일본의 간섭을 받아 겨우 이루어졌다.

프랑스에서는 조선과는 달리 제3 신분인 부르주아지가 농민과 노동자와 연합하여

역사는

한국에서, 세계에서

흐른다

한국사 ➡

세계사 ➡

1860년
최제우, 동학 창시

1864년
최제우 처형

신분제를 폐지하는 데 성공했다. 그리고 이를 바탕으로 근대화를 주체적으로 이룩
할 수 있었다.

신분제를 없애고 근대 사회로 나아간 과정이 달랐던 만큼 조선과 프랑
스는 극단적으로 다른 길을 걷게 되었다. 조선은 근대화 과정에 간섭한
일본의 뜻에 따라 일본의 식민지가 된 반면, 프랑스는 선진 자본주의
국가로 발돋움했다. 아무리 좋은 개혁이나 혁명도 스스로 이루지
못하고 남의 힘을 빌리면 결국 그 대가를 치러야 한다는 역사
의 교훈이다.

● 오노레 도미에의 풍자화 「가르강튀아」(1831)
바보 왕 루이 필리프가 국가 재산을 게걸스럽게 먹어 치우고 그 배설물을 아첨꾼에게 나누어 준다는 내용으로 당시 프랑스의 정치를 비판했다.

1894년
동학 농민 혁명
갑오개혁

1895년
을미사변
을미개혁

1896년
아관 파천
독립 협회 결성

1897년
대한 제국 성립

1894년
청·일 전쟁(~1895)

1895년
청·일, 시모노세키 조약

1896년
제1회 올림픽

1898년
청, 변법자강 운동

1899년
헤이그 평화 회의

04

평화적 반제국주의 운동

한국의 3·1 운동과 인도의 비폭력 저항

20세기 초 서유럽과 러시아, 미국, 일본 등 몇몇 제국주의 열강이 전 세계를 식민지로 나누어 가졌다. 그와 동시에 제국주의의 억압과 착취에 맞서 민족의 주권과 인간의 존엄성을 되찾으려는 운동이 전 세계에서 일어났다. 한국의 3·1 운동과 인도의 비폭력 운동이 그 대표적인 예다.

▲ 레지스탕스가 맞선 나치와 광복군이 맞선 일본군
배경 사진 1919년 3월 1일 독립 선언서를 발표한 민족 대표 33인

왼쪽 바탕 사진 속의 인물들은 1919년 3·1 운동 당시 독립 선언서를 발표한 민족 대표 33인이다. 우리 민족은 대한 독립 만세를 외치면서 일본 제국주의자들에게 우리나라를 독립시킬 것을 요구했다. 그러나 일제는 평화적인 시위를 총칼로 탄압했다.

▲ 1910년대 칼을 착용한 교직원

갑신정변, 동학 농민 혁명 등 자주적 근대 국가를 건설하려는 숱한 노력이 실패로 돌아가면서 조선은 점점 힘이 빠졌다. 1897년 고종(재위 1863~1907)은 나라 이름을 대한 제국으로 바꾸고 스스로 황제 자리에 올라 국가 차원에서 근대화를 주도하기 위해 안간힘을 썼다.

그러나 일본은 날카로운 침략의 이빨을 드러내고 고종을 꼼짝 못 하게 압박했다. 일본은 1907년에 고종 황제를 강제로 물러나게 했다. 그리고 우리나라 군대까지 해산시켰다. 결국 1910년 우리나라는 일본에 주권을 완전히 빼앗기고 말았다.

1919년 3·1 운동이 일어날 때까지 10년 동안 일제는 우리 민족을 무척 괴롭혔다. 그 것도 다른 제국주의 국가에서는 찾아볼 수 없는 지독하고 폭력적인 방법을 사용했다. 오른쪽 위의 사진을 보자. 선생님들이 제복을 입고 칼을 차고 있다. 요즘에는 선생님이 매만 들어도 문제가 되는데, 공부 시간에 칼을 차고 가르쳤다니 상상만 해도 끔찍할 따름이다. 세계 역사에서 선생님이 칼을 차고 가르친 예는 이때를 빼고는 찾아볼 수 없다.

또 이 시기에는 보통 경찰이 아니라 헌병 경찰이 질서를 유지했는데, 헌병 경찰은 군인들의 질서를 잡는 경찰이다. 일제는 민간인을 군인처럼 강압적으로 다스린 것이다. 우리 민족에게는 자신의 의사를 표현할 자유도 없었다. 그리고 죄인에게 매질하는 법이 다시 생겨났다. 조선 시대에는 죄인에게 곤장을 치곤 했는데, 이런 매질은 인간을 짐승처럼 취급하는 것이라서 1894년 갑오개혁 때 폐지되었다. 그런데 일제는 우리나라를 식민지로 만들고는 매질하는 법을 부활시켜 우리 민족을 짐승처럼 다스렸다.

일제의 경제 수탈도 가혹했다. 일제는 토지를 조사한다는 구실로 우리나라 사람들의 토지를 빼앗았다. 또 회사령이라는 법을 만들어 조선인이 회사를 세우기 힘들게 방해했다. 이 밖에도 산림, 어업, 광업에 관한 법령을 만들어 우리의 자원을 수탈해 갔다.

이 같은 무단 정치 아래에서 10년간 숨죽여 지내던 우리 민족은 드디어 1919년

● 대한 제국과 고종 황제
1897년 고종은 이전까지 중국 황제의 형식적인 제후국이었던 지위에서 벗어나 대한제국을 선포하면서 황제 자리에 올랐다. 그러나 제국과 황제를 칭할 만큼 국력이 강한 것은 결코 아니었다.

● 회 사 령
일제가 1910년에 만든 회사령에 따라 조선인이 회사를 세우려면 총독의 허가를 받아야 했다. 따라서 조선인이 회사를 세우기란 매우 어려운 일이었다. 이 법령은 1920년에 폐지되었다.

3월 1일, 독립을 요구하며 만세를 불렀다. 민족 대표 33인이 독립 선언서를 발표하고, 서울 탑골 공원에서는 학생과 시민들이 시위를 벌였다. 만세 운동은 처음에는 평화적인 방법으로 진행되었다. 그러나 일제가 총칼로 만세 운동을 탄압하자 무력을 사용한 운동으로 바뀌었다. 그럼에도 원하던 독립을 달성할 수는 없었다. 만세 시위를 한다고 순순히 독립을 시켜 줄 제국주의 국가는 세상 어디에도 없으니까.

우리 조상이 3·1 운동을 일으킨 것은 우리의 독립 의지를 표현하기 위해서였다. 제1차 세계 대전이 끝난 1918년, 미국의 윌슨 대통령(1856~1924)은 민족 자결주의를 선언했다. 민족 자결주의란 각 민족이 스스로 자신의 앞날을 결정할 수 있다는 뜻이다. 예를 들어 식민지가 된 조선 같은 나라는 일본 제국주의의 지배를 계속 받을 것인지 독립할 것인지를 스스로 결정할 수 있다는 의미였다.

우리 민족은 일제의 지배를 받지 않겠다는 뜻을 온 세계에 알리기 위해 만세를 불렀다. 그러나 엄밀한 의미에서의 민족 자결주의는 우리 민족에게 적용되지 않았다. 일본이 제1차 세계 대전에서 승리한 국가이기 때문이었다. 윌슨의 민족 자결주의는 독일 같은 패전국이 점령한 식민지에만 적용되었다.

그러나 3·1 운동은 일본과 우리 민족 모두에게 커다란 영향을 미쳤다. 먼저 일본은 3·1 운동에 놀라 이전의 무단 통치를 좀 부드럽게 바꾸었다. 이른바 문화 통치였다. 헌병 경찰이 아닌 보통 경찰이 질서를 유지하고, 조선인에게 약간의 자유를 허용했다. 물론 식민지 상태에서 우리 민족의 자유는 근본적으로 억압될 수밖에 없었다. 예를 들어 일제는『조선일보』, 『동아일보』의 창간을 허가했지만 신문 기사를 마음대로 삭제하곤 했다.

3·1 운동의 가장 큰 열매는 중국 상하이에서 발족한 대한민국 임시 정부였다. 비록 외국에서였지만 우리 민족의 정부가 수립됨으로써 식민지의 조선인들은 독립의 희망을 살려나갈 수 있었다.

◀ **동양 척식 주식회사**
동양 척식 주식회사는 일제가 조선의 토지와 자원을 수탈할 목적으로 1908년에 세운 식민지 착취 기관이다. 사진의 건물은 현재 을지로 2가에 있는 외환은행 자리에 세워진 동양 척식 주식회사의 한성 본점.

3·1 독립 운동의 발자취

▲ 민족 대표 33인이 서명한 독립 선언서(1919)
1918년 제1차 세계 대전이 끝나고 민족 자결주의가 선언되는 상황에서
우리도 비폭력적 방법을 통해 독립을 이루자는 의지가 터져 나왔다.

▲ 서대문 형무소 내부
유관순 열사를 비롯하여 수많은 애국지사들이 투옥, 처형되었다. 현재는 서대문 형무소
역사관으로 운영되고 있다.

▲ 상해 임시 정부
3·1 독립 운동의 열매로 중국 상하이에 대한민국 임시 정부
가 수립되었다.

▼ 유관순 열사(1902~1920)

▲ 덕수궁 앞의 시위 군중
3·1 운동은 단 하루의 사건이 아니었다. 독립을 위한 투쟁은 세 달 동안 계속되었다.

평화적 반제국주의 운동 – 인도에서는

우리 민족이 일본의 지배로부터 독립하겠다는 의지를 표출하고 있을 때, 세계의 다른 곳에서는 어떤 운동들이 일어났을까? 온 세계를 피자 나눠 먹듯 식민지로 점령한 제국주의 국가에 맞서 어떤 움직임이 나타났는지 함께 살펴보자.

아래 사진의 주인공은 인도의 독립 운동을 이끈 마하트마 간디(1869~1948)다. 마하트마는 인도 말로 '위대한 영혼'이라는 뜻이다. 우리의 유관순과 인도의 간디는 얼굴도 다르고 전혀 다른 나라에서 태어났지만 한 가지 공통점이 있다. 그것은 바로 자기 민족을 식민지로 삼은 제국주의에 반대해 투쟁을 벌였다는 점이다.

먼저 제국주의가 무엇인지부터 살펴보자. 산업 혁명 이후 기계로 옷을 생산하자 싼값에 엄청나게 많은 옷을 만들 수 있게 되었다. 그러자 옷의 원료인 솜과 양털이 부족해졌다. 그래서 선진국들은 원료를 구하기 위해서 다른 나라로 눈길을 돌렸다. 또한, 기계가 대량으로 생산한 물건을 그 나라 국민이 전부 소비할 수 없게 되었다. 그래서 남는 물건을 팔기 위해 다른 나라의 소비자를 찾아 나섰다.

그러나 조선이 그랬듯이 아직 자본주의 사회가 되지 않은 나라들은 선진국과 상품이나 원료를 사고파는 것을 싫어했다. 그러자 선진국들은 후진국을 강제로 굴복시키기에 이르렀다. 그 결과 제국주의 국가와 식민지가 생겨났다. 제국주의 국가는 식민지의 원료를 약탈하고 자신들이 만든 제품을 식민지에 판매했다.

세계에서 맨 먼저 산업화에 성공하여 제국주의 국가가 된 선진국이 영국과 프랑스였다. 두 나라는 서로 치열하게 경쟁하면서 아프리카와 아시아라는 거대한 땅을 자신들의 식민지로 만들고 그곳 국민들을 노예처럼 부렸다.

영국은 아시아에서 간디의 조국인 인도를 식민지로 만들었다. 프랑스는 인도와 중국의 중간 지대인 인도차이나반도를 식민지로 만들었다. 오

◀ 물레를 돌리는 간디
간디는 인도 국민에게 영국의 직물 산업과 제국주의에 대항하여 스스로 물레를 돌려 옷을 만들어 입자고 주장했다.

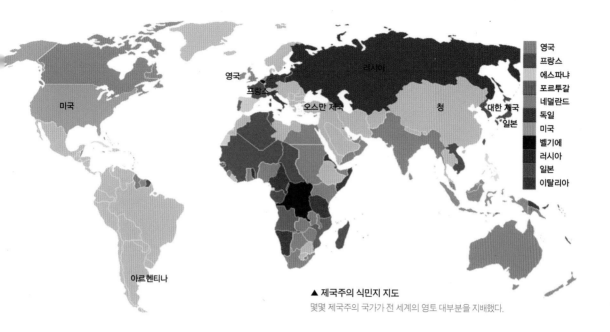

영국
프랑스
에스파냐
포르투갈
네덜란드
독일
미국
벨기에
러시아
일본
이탈리아

미국

영국
프랑스

러시아

오스만 제국

청

대한 제국
일본

아르헨티나

▲ **제국주의 식민지 지도**
몇몇 제국주의 국가가 전 세계의 영토 대부분을 지배했다.

늘날의 베트남, 라오스, 캄보디아 등이 모두 프랑스의 식민지가 되었다. 영국과 프랑스 다음으로는 일본, 독일, 이탈리아 등이 제국주의 대열에 합류했다.

이 후발 주자들은 영국과 프랑스가 식민지를 거의 다 차지한 다음 식민지를 얻기위해 뛰어들었다. 그러니 이들이 식민지를 확보하기는 쉽지 않았다. 훨씬 더 여유가 없었고 좀 더 폭력적인 방법을 사용하게 되었다. 그러다가 결국에는 한발 앞선 제국주의나라들을 상대로 전쟁까지 일으켰다. 독일이 제1차 세계 대전을 일으키고, 여기에 일본과 이탈리아가 합세하여 제2차 세계 대전을 일으켰던 것이다. 그러니까 두 차례의세계 대전은 식민지 쟁탈전에 한발 늦게 뛰어든 독일, 이탈리아, 일본이 이미 많은 식민지를 차지한 영국, 프랑스를 상대로 벌인 제국주의 전쟁이었다.

제국주의 국가들이 식민지 민중을 억압하고 착취하자 이에 맞서는 운동이 불같이타오르기 시작했다. 먼저 1919년 조선에서 3·1 운동이 일어났다. 그리고 같은 해 중국에서는 5·4 운동이 일어났다. 5·4 운동은 일본이 중국에 강요한 '21개조 요구'에 반대해서일어났다. '21개조 요구'란 일본이 남만주와 몽골의 영토를 차지하고 독일이 갖고 있던중국 땅의 이권을 일본이 이어받는다는 내용이었다. 학생과 노동자, 농민이 참여한 시위에 부딪혀 일본의 야욕은 결국 물거품으로 돌아갔다.

한편 인도에서는 영국의 식민지 지배에 맞선 반제국주의 투쟁이 일어났다. 바로간디가 그 지도자였다. 간디는 이 싸움에서 비폭력이라는 원칙을 내세웠다. 영국 제국

▲ 영국의 인도 점령에 항의하며 길에 드러누워 저항하는 인도인들

주의의 수탈과 폭력에 저항하는 데 있어 비폭력이라는 원칙은 사실 지켜 나가기 힘든 이상이었다. 상대가 폭력을 쓰는데 이에 대항해서 폭력을 쓰지 않는다는 것은 어떻게 보면 바보 같아 보이기도 했다. 그러나 폭력이 또 다른 폭력을 낳는 악순환을 생각하면 폭력적인 저항만이 정답은 아니다.

간디는 폭력이 아닌 평화적인 방법으로 인도인의 저항을 한데 모았다. 예를 들어 그는 영국의 명령에 복종하지 말자는 불복종 운동을 벌였다. 그는 인도인의 힘을 하나로 모아 무력을 사용할 수도 있었다. 그러나 간디는 끝까지 비폭력을 주장했다. 그러자 영국은 간디가 더욱 두려워졌다. 마치 싸움을 하는 데 상대편이 힘을 아끼고 있으면, 아낀 주먹을 언제 날릴지 몰라 두려움에 사로잡히는 것처럼 말이다. 이렇게 보면 간디의 비폭력 노선은 제국주의의 폭력을 상대하는 또 하나의 효과적인 투쟁 수단일 수 있었다.

제국주의 국가들은 남의 나라를 힘으로 굴복시키고 착취하고 억압하고 폭력을 휘둘렀다. 이러한 제국주의 국가들의 지배에 맞서 유관순과 간디는 목숨을 걸고 싸웠다. 이 용감한 사람들의 투쟁 덕분에 우리는 노예 상태에서 벗어날 수 있었다. 침략 국가로부터 자유와 평화를 지키기 위해서는 목숨을 걸고 투쟁하는 용기가 꼭 필요하다는 것을 잊어서는 안 된다.

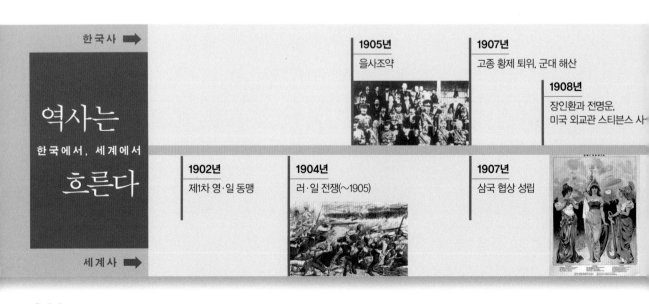

역사는
한국에서, 세계에서
흐른다

한국사 ➡

1905년
을사조약

1907년
고종 황제 퇴위, 군대 해산

1908년
장인환과 전명운,
미국 외교관 스티븐스 사

1902년
제1차 영·일 동맹

1904년
러·일 전쟁(~1905)

1907년
삼국 협상 성립

세계사 ➡

● 프랑스 만국 박람회(1889)를 기념하는 에펠 탑

식민지 지배로 부를 축적한 제국주의 국가들은 전 세계 식민지에서 생산한 신기한 물건들과 최신 상품을 한데 모아 만국 박람회를 열었고 자신들의 승리를 축하했다.

1909년
안중근, 이토 히로부미 처단

1910년
국권 피탈

1911년
신해혁명

1914년
제1차 세계 대전(~1918)

1917년
러시아 혁명

1919년
3·1 운동

1919년
중국, 5·4 운동

05

민족주의자와 사회주의자의 연합

한국의 신간회와 중국의 국·공 합작

제국주의에 반대하여 투쟁하는 두 세력이 손을 잡았다. 그 대표적인 예가 국민당과 공산당이 손을 잡은 중국의 국·공 합작, 민족주의 세력과 사회주의 세력이 힘을 모은 조선의 신간회였다. 유럽에서도 나치와 파시스트라는 전체주의 세력에 맞서 사회주의자와 민족주의자가 함께 투쟁을 전개했다.

▲ 일본과 싸우기 위해 손잡은 사회주의자와 민족주의자
배경 사진 신간회 창립을 알리는 신문 기사

역사를 살펴보면 서로 적이었던 두 세력이 어떤 때는 힘을 합쳤다가 어떤 때는 서로 싸우는 일이 종종 있다. 1927년에 조직되었다가 1931년에 없어진 신간회도 서로 다른 생각을 가진 세력들이 손을 잡아 만든 단체였다. 여기서 서로 다른 생각을 가진 세력이란 사회주의 세력과 민족주의 세력을 가리킨다.

▲ 신간회의 회장 이상재와 총무 안재홍
이상재와 안재홍은 비타협적 민족주의자를 대표하는 인물이다. 이상재는 신간회 초대 회장을, 안재홍은 총무를 역임했으며, 안재홍은 신간회가 해체된 이후에도 문화 운동을 전개하면서 끝까지 일제에 타협하지 않았다.

사회주의자는 자본주의를 뒤집어엎으려는 사람들이었다. 민족주의자는 사회주의자를 제거하고 자본주의를 유지하려는 사람들이었다. 그런데 무슨 이유로 원수 같은 두 세력이 서로의 손을 덥석 잡았을까? 이제부터 그 비밀을 추적해 보자.

1919년의 3·1 운동은 온 민족이 남녀노소 할 것 없이 하나로 단결하여 일제에 반대한 투쟁이었다. 그러나 3·1 운동이 끝나고 민족 운동은 분열의 시기를 맞았다. 서로 다른 생각을 가진 세력들이 나타났기 때문이다.

3·1 운동 전까지 독립운동을 이끌어 온 세력은 민족주의자들이었다. 사실 그때까지는 민족주의자 외에 다른 세력은 거의 없었다. 그런데 3·1 운동 이후 사회주의 세력이 등장했다. 사회주의는 자본주의를 타도하고 평등한 사회를 만들려고 했다. 제국주의란 자본주의의 발전된 형태였다. 그러므로 사회주의는 제국주의를 반대할 수밖에 없었다. 일본 제국주의의 지배에 고통받고 있던 우리 민족은 사회주의 사상을 쉽게 받아들였다. 사회주의 사상이 독립운동에 도움을 주기 때문이었다.

조선인들이 이렇게 사회주의 사상을 적극 받아들인 데는 민족주의자들의 변절이라는 이유도 숨어 있었다. 1920년대 초 민족주의자들은 물산 장려 운동과 민립 대학 설립 운동을 벌여 나갔다. 물산 장려 운동은 국산품 애용 운동이었다. 조선인 기업가가 만든 물건을 사서 조선인의 실력을 키우고자 한 것이었다.

또 민립 대학 설립 운동은 우리의 민족 운동을 이끌 지도자를 키우기 위해서는 대학을 만들어야 한다는 운동이었다. 일제는 우리에게 초급 교육과 기술 교육만을 시켰기 때문에 우리 민족을 위한 고등 교육 기관이 절실했다.

그러나 이 두 운동은 일제의 탄압과 민중의 지지 부족으로 실패하고 말았다. 그러자 대다수 민족주의자들이 딴생각을 품기 시작했다. 일제로부터 독립하기를 포기하거나 먼 훗날의 일로 미루는 것이었다. 예를 들어 이광수(1892~1950) 같은 친일파는 "우리 민족은 아직 준비가 덜 되어서 독립할 수 없다."는 민족 개조론을 주장했다. 그러면서 일단 일제의 품 안에서 할 수 있는 일부터 하자고 주장했다.

그러나 이러한 다수 민족주의자들의 변절을 비판하는 소수의 민족주의자들이 존재했다. 이상재(1850~1927)와 홍명희(1888~1968)가 그 대표적인 인물이었다. 이들은 일제와 타협하지 않았다고 해서 비타협적 민족주의자라고 불린다. 이들은 이광수 등이 민족의 독립을 사실상 포기했다고 비판했다. 나중에 독립하자는 것은 독립을 포기한 것과 같다고 말이다.

그래서 이 소수의 민족주의자들은 독립을 위한 새로운 길을 찾아 나섰다. 그들이 찾아낸 방법이 바로 사회주의자와의 연합이었다. 본래 사회주의자들은 민족주의가 추구하는 자본주의에 반대하는 세력이지만, 일제에 반대해서 변치 않고 투쟁하고 있었기

● 민족 개조론
이광수는 「민족 개조론」에서 조선인은 게으르고, 신뢰가 없으며, 사회성이 없는 민족성을 지녔기 때문에 이를 고치기 전에는 독립할 수 없다고 주장했다.

▼ 국산 광목
물산 장려 운동은 국산품을 애용하여 민족의 산업을 육성하자는 운동이었다. 당시 인기를 끌었던 국산 광목.

▲ 배재 학당 창립 1주년 기념 사진(1886)
독립을 위해 먼저 민족의 실력을 갖추자는 실력 양성 운동의 일환으로 민립 대학 설립 운동이 전개되었다. 그러나 일제의 방해 공작과 자연재해 등으로 성공하지 못했다. 사진의 배재 학당 등 당시 조선의 근대적 교육 기관은 대부분 외국인 선교사가 설립한 학교였다.

때문에 믿을 수 있는 사람들이었다.

사회주의자들도 일본 제국주의에 대해 투쟁하는 것이 급했기 때문에 민족주의자들과 손을 잡기로 결정했다. 둘 사이의 집안싸움은 잠시 멈추고 공동의 적을 향한 싸움을 시작한 것이다. 이렇게 친일파를 제외한 민족주의자와 사회주의자들이 연합하여 만든 단체가 바로 신간회였다. 신간회는 1927년에 만들어진 이후 활발한 활동을 벌였다. 민족의식을 높이기 위해 강연회를 개최했고 노동자·농민 운동을 지원했다. 또 1929년 광주 학생 항일 운동이 일어나자 조사단을 파견하는 등 적극적인 후원 활동을 폈다.

그러나 이들의 연합은 오래가지 못했다. 신간회가 만들어진 뒤 일제와 타협하는 민족주의자들이 슬그머니 신간회에 들어오기 시작했고, 그러면서 신간회는 점점 나쁜 쪽으로 변해 갔다. 또 국제적으로도 민족주의자와 사회주의자의 연합을 좋지 않게 보는 생각들이 퍼졌다. 중국에서 민족주의 정당인 국민당과 사회주의 정당인 공산당의 연합이 깨졌기 때문이었다. 결국 이런 이유들 때문에 신간회는 4년 만에 안타깝게 해산하고 말았다.

◀ 광주 학생 항일 운동 주역들의 공판에 대한 신문 기사

1929년 11월 3일 광주에서 시작된 항일 운동은 다음 해 3월까지 전국적인 운동으로 전개되었다. 3·1 운동 이후 최대의 민족 운동이었다. 항거에 참여한 수많은 학생들이 일제에 체포되어 가혹한 처벌을 받았다.

민족주의자와 사회주의자의 연합 – 중국에서는

신간회가 만들어지고 깨지는 과정에서 중요한 계기가 된 것이 이웃 나라인 중국의 경험이었다. 중국에서도 민족주의자와 사회주의자가 공동의 적과 싸우기 위해 몇 차례 연합한 사례가 있었기 때문이다.

1919년 5·4 운동 이후 중국에는 두 개의 정당이 출현했다. 쑨원(1866~1925)은 민족주의자들을 모아서 국민당을 만들었다. 사회주의 혁명을 추구하는 사람들은 마오쩌둥(1893~1976)을 중심으로 공산당을 조직했다. 이 두 정당은 비록 지향하는 바는 달랐지만 중국 사람들에게 많은 지지를 받았다.

그런데 이 당시 중국 민중에게는 두 적이 있었다. 하나는 일본을 비롯한 제국주의 세력이었다. 다른 하나의 적은 군벌이었다. 군벌이란 군대를 소유하면서 일부 지역을 다스리는 군사 집단의 두목을 말한다. 이들은 통일 신라 말기에 중앙의 통제력이 약화되자 지방에서 생겨났던 호족과 비슷한 존재였다.

드디어 1924년 중국 민중의 염원에 따라 민족주의자와 사회주의자는 싸움을 뒤로 미루고 공동의 적인 군벌을 무찌르기 위해 손을 잡았다. 두 세력은 힘을 한데

◀ 공산주의 노선의 중국 공산당(위), 민족주의 노선의 국민당(아래)
국민당은 자본주의 경제 체제를 수립하려 했고, 중국 공산당은 사회주의 경제 체제를 지향했다. 근본부터 모순 관계였던 두 정당은 군벌과 일본이라는 공동의 적에 대항하기 위해 손을 잡았다.

▲ 제2차 국·공 합작을 결성한 공산당의 마오쩌둥(좌)과 국민당의 장제스(우)
1937년 중·일 전쟁이 발발하자 일본에 대항하기 위해서 제2차 국·공 합작이 성사되었다. 그러나 1945년 일본이 항복한 이후 공산당과 국민당은 다시 적이 되었다.

합쳐 많은 성과를 거두었지만, 이 연합은 오래 가지 못했다. 1925년 국민당 대표인 쑨원이 죽고 장제스(1887~1975)가 그 자리에 앉자 사정이 달라진 것이다. 장제스는 기본적으로 공산당을 싫어했다. 기회를 엿보던 그는 1927년 마침내 공산당원을 탄압하기 시작했다. 친구가 적이 되는 순간이었다.

▲ 중국 공산당의 토지 개혁
중국 공산당은 대장정을 통해 농촌 사회에 뿌리를 내렸다. 이들은 지주나 부농이 소유한 농지를 몰수하여 빈농과 중농 이하의 농민들에게 나누어 주었다.

장제스는 1934년부터 1936년까지 군대를 총동원하여 공산당 소탕에 나섰다. 그러자 마오쩌둥이 이끄는 공산당원들은 국민당의 토벌을 피해 무려 1만 2,000킬로미터나 되는 먼 길을 떠나게 된다. 이 대장정이 끝났을 때, 애초 8만 6,000명에 이르던 공산당원은 겨우 8,000명으로 줄어들었다고 한다.

그런데 이렇게 적대적인 두 세력이 다시 한번 손을 잡는다. 일본의 중국 침략이 계기였다. 1931년 만주를 침략한 일본이 1937년에는 중국 대륙 전체를 점령하기 위해 중·일 전쟁을 일으킨 것이다. 그러자 집안싸움을 그만두고 온 중국인이 단결해야 한다는 주장이 힘을 얻었다. 그러나 공산당을 싫어하던 장제스는 그러한 주장을 쉽게 받아들이려 하지 않았다. 이때 만주 군벌인 장쉐량(1898~2001)이 시안에서 장제스를

중국 공산당의 대장정 진로

베이징
우치전
옌안
장정 완료
(1936. 10.)
마오얼가이
중화 소비에트 공화국 임시 정부(1931~34)
장정 개시(1934. 10.)
루딩
상하이
쭌이
쿤밍
루이진
쭌이 회의에서 마오쩌둥의 지도 노선 정립(1935. 1.)

◀ 국민당 기(위)와 현재의 타이완 국기(아래)

▲ 중국 공산당 기(위)와 현재의 중국 국기(아래)

▲ 대장정을 마친 공산당원들의 집회

감금하고 국·공 합작을 강요한 사건이 발생했다. 이때는 장제스도 어쩔 수 없이 제2차 국·공 합작에 찬성했다. 이렇게 중국인은 다시 힘을 모아 일제와 싸웠다.

1941년 일본이 미국을 상대로 태평양 전쟁을 일으키자 중국은 연합국의 일원이 되어 일본과 싸웠다. 이때 조직된 연합국도 서로 다른 세력 간의 연합이었다. 초기 연합국은 영국, 프랑스, 미국 등 자본주의 국가들로 구성되어 있었다. 그러나 1945년 2월에 있었던 얄타 회담으로 사회주의 국가인 소련이 연합국에 참여했다. 자본주의 국가들과 사회주의 국가가 손을 잡은 것이다.

이처럼 서로 적이었던 두 세력이 손을 잡은 것은 독일, 이탈리아, 일본 등 전체주의라는 공동의 적이 나타났기 때문이었다. 양쪽 모두 서로 간의 싸움은 잠시 멈추고 공동의 적에 대항하는 것이 자신들에게 이익이라고 생각했다. 결국 연합국은 공동의 적인 전체주의에 승리를 거두었다. 물론 언제나 그렇듯이 공동의 적이 사라진 뒤 그들은 다시 제자리로 돌아가 서로를 적으로 삼았다.

이렇게 잠시 동안의 연합이 끝난 뒤 다시 적으로 돌아가는 현상은 조선과 중국에서도 마찬가지였다. 1945년 일본이 항복하자 국민당과 공산당은 다시 갈라섰다. 그 후 국민당과 공산당의 내전이 계속되었다. 1949년 결국 장제스의 국민당은 마오쩌둥의 공산당에 패배해 중국 본토를 내주고 타이완으로 쫓겨 들어갔다. 이것으로 싸움은 일단락

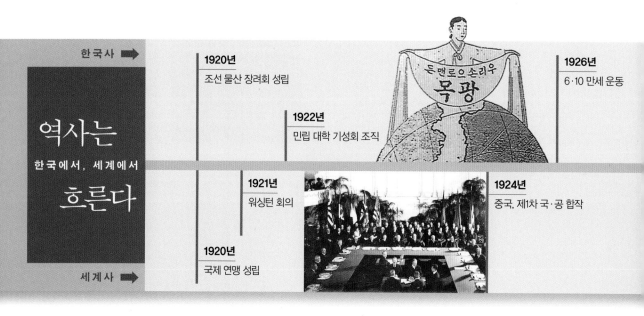

역사는
한국에서, 세계에서
흐른다

한국사 ▶

1920년
조선 물산 장려회 성립

1922년
민립 대학 기성회 조직

1926년
6·10 만세 운동

1921년
워싱턴 회의

1924년
중국, 제1차 국·공 합작

1920년
국제 연맹 성립

세계사 ▶

되었지만, 중국과 타이완의 대립은 오늘날까지도 계속되고 있다.

조선에서도 일제에 맞서 민족주의자와 사회주의자가 손을 잡고 신간회를 만들었다. 그러나 이러한 손잡기는 오래가지 못했다. 기본적으로 서로가 적인 두 세력은 상황이 조금만 달라지면 다시 대립할 수밖에 없었기 때문이다. 이후 우리 역사에서 좌우의 연합은 몇 번 더 나타나지만 끝내는 성공하지 못했다. 지금도 한반도는 사회주의를 지향하는 북한과 자본주의를 지지하는 사람들이 모인 남한으로 갈라져 통일을 이루지 못하고 있다. 이러한 대립을 끝내고 하나의 한국을 만들어 갈 사람은 바로 우리들이다.

● **얄타 회담(1945.2.)**
왼쪽부터 영국의 처칠 수상, 미국의 루스벨트 대통령, 소련의 스탈린 서기장.

1927년
신간회 결성

1929년
광주 학생 항일 운동

1931년
신간회 해체

1927년
중국, 제1차 국·공 합작 결렬

1929년
세계 대공황

1937년
중국,
제2차 국·공 합작

06

반제국주의 무장 투쟁

한국의 광복군과
프랑스의
레지스탕스

반제국주의 투쟁은 유관순, 간디 같은
비폭력 방식으로만 전개된 것이 아니었다.
목숨을 내건 무장 투쟁이 있었다. 안중근,
이봉창은 혈혈단신으로, 독립군은 조직적으
로 일제에 대항하여 싸웠다. 제2차 세계 대전
으로 독일의 나치가 파리를 점령했을 때 프랑스 사람
들은 레지스탕스를 조직하여 나치에 맞섰다.

▲ 나치와 맞선 레지스탕스와 일본군과 맞선 광복군
배경 사진 양손에 각각 수류탄과 권총을 들고 의거를 결의하는 윤봉길 의사

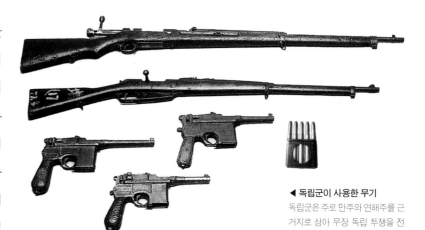

왼쪽 바탕 사진에서 수류탄을 들고 있는 젊은이는 윤봉길 의사(1908~1932)다. 그는 1932년 상하이 홍커우 공원에서 폭탄을 던져 일본군 장교를 죽이고 체포되어 며칠 뒤 사형장의 이슬로 사라졌다. 이런 폭탄 던지기 투쟁은 언제부터, 왜 시작되었을까? 그리고 이러한 폭탄 던지기 투쟁으로 과연 우리가 독립을 쟁취할 수 있었을까?

▲ 독립군이 사용한 무기
독립군은 주로 만주와 연해주를 근거지로 삼아 무장 독립 투쟁을 전개했다. 독립군 대부분이 일제의 가혹한 수탈을 피해 조선을 빠져나온 사람들로, 수적 열세와 열악한 장비에도 불구하고 끈질기게 일제의 지배에 항거했다.

1931년 일본은 만주 사변을 일으키고 대륙 침략을 감행했다. 그때 우리나라의 독립운동은 김구(1876~1949)를 중심으로 조직된 대한민국 임시 정부가 지도하고 있었다. 앞에서 본 대로 대한민국 임시 정부는 3·1 운동 직후 중국 상하이에서 만들어졌다. 그러나 만주 사변이 일어날 무렵에는 임시 정부의 힘이 많이 약해져 있었다.

힘이 약한 임시 정부는 정식 군대로 일본과 전쟁을 할 수 없었다. 임시 정부가 직접 지도하던 군대도 거의 없었다. 만주에 있던 부대들이 중국군과 연합하여 일본에 대항하는 정도였다.

그러나 그들만으로 일본 군대를 감당하기는 힘에 부쳤다. 독립운동가들은 하는 수 없이 변칙적인 방법을 찾았다. 그것이 바로 개인이 일본인을 상대로 폭탄을 던지는 전술이었다. 폭탄 던지기는 혼자서도 적에게 큰 타격을 가할 수 있기 때문이다.

● 한인 애국단
1919년 김원봉이 조직한 의열단과 1931년 김구가 조직한 한인 애국단이 폭탄 던지기 투쟁을 전개한 중심 단체였다.

물론 일본인이라고 해서 민간인을 목표로 하지는 않았다. 일본 천황, 조선 총독, 일본군 대장 등 지도자만 노렸다. 힘이 없는 상태에서 폭탄 던지기 투쟁으로 일본에 타격을 주고 우리 민족에게 힘을 주는 효과를 노린 것이다. 윤봉길 의사는 바로 이 투쟁을 성공시킨 대표적 인물이었다. 그는 김구 선생이 1931년에 조직한 한인 애국단의 단원이었다.

먼저 행동에 나선 사람은 이봉창 의사(1900~1932)였다. 1932년 그는 도쿄에서 일본 천황에게 폭탄을 던졌다. 이 시도는 아깝게 실패하고 말았다. 이 의사가 던진 폭탄은 천황이 탄 마차가 아니라 그 뒤에 가던 마차에 잘못 맞고 말았다.

이 당시 일본은 중국을 침략하는 중이었다. 그래서 중국 신문은 이 사건을 보도하면서 정말 아깝다고 표현했다. 그러자 일본은 이 기사를 꼬투리 잡아서 상하이를 침공하고는 상하이 훙커우 공원에서 승리를 기념하는 행사를 열었다. 바로 이때 윤봉길 의사가 도시락 폭탄을 던져서 일본 장교 몇 명을 살상하는 데 성공했다.

당시 일본의 기세에 짓눌려 있던 중국은 환호했다. 국민당을 이끌고 있던 장제스는 중국의 1억 인구가 못 한 일을 조선의 젊은이 한 명이 해냈다고 감격했다. 이 일이 있은 뒤 중국 정부는 대한민국 임시 정부를 적극 후원했다.

그러나 이러한 폭탄 던지기 투쟁에는 한계가 있다. 한번 폭탄을 잘 던져 천황을 죽였다고 가정해 보자. 일시적으로 적에게 충격을 줄 수는 있겠다. 그러나 일본은 새로운 천황을 세우고 복수를 시작할 것이다. 그러면 다시 새로운 천황에게 폭탄을 던져야 한다. 그렇지만 새 천황은 훨씬 더 조심스럽게 움직일 테니까 성공하기가 더 힘들 게 뻔하다. 설사 또 성공한다 해도 더 큰 복수가 기다리고 있을 뿐이다.

폭탄을 던지는 것만으로는 독립을 쟁취할 수 없다. 천황을 죽이든 일본 대장을 죽이든 또 다른 일본인이 그 자리를 물려받을 테니 말이다. 오히려 무모하게 폭탄 던지기를 자꾸 시도했다가는 우리 민족의 피해가 더 커질 것이다.

이렇게 보면 폭탄 던지기 투쟁은 약한 쪽이 어쩔 수 없이 선택하는 수단이기는 해도 바람직하다고는 말할 수 없다. 일시적으로 적에게 타격을 주고 우리 편에게 용기를 줄 수 있을 뿐이다. 그리고 폭력은 더 큰 폭력을 불러오는 법이다. 이제는 더 적극적이고 효과적인 방법을 찾아야 했다. 바로 군대였다.

그리하여 마침내 대한민국 임시 정부의 정식 군대가 생겼다. 1940년 중국 충칭에서

▼ **도쿄 도심의 천황궁**
일본 제국주의의 상징적 존재인 일본 천황은 독립운동가들이 전개한 투쟁의 목표물이었다.

만들어진 한국광복군이었다. 이제는 일본군과 정식으로 전투를 할 수 있게 되었다.

▲ 광복군 특수 요원
국내 작전 수행을 위해 특수 훈련을 받는 요원들. 한국광복군은 중국, 영국, 미국 등의 연합군과 함께 공동 작전을 수행하기도 했다.

그러나 숫자는 그다지 많지 않았다. 다 합쳐도 700명이 못 되었다. 1905년 일제가 우리나라의 외교권을 빼앗은 을사늑약 직후 활약했던 평민 의병장 신돌석은 한때 3,000명의 부하를 이끌었다고 한다. 그런데 우리 임시 정부의 정식 군대인 한국광복군이 700명에 그쳤다는 것은 그동안 우리 민족이 일본의 탄압을 받고 위축된 결과였다.

이렇게 작은 병력이지만 한국광복군은 일본을 향한 전쟁을 활발하게 펼쳐 나갔다. 중국, 영국, 미국 등의 연합군과 함께 공동 작전을 수행하기도 했다. 특히 국내에 진입하기 위해 정진군이라는 부대도 만들었다. 그런데 이때 매우 안타까운 일이 벌어지고 만다.

정진군이 국내에 진입하기 직전인 1945년 8월 15일 일본이 연합국에 무조건 항복을 한 것이다. 만약 한국광복군이 국내에 들어가 일본군과 전투를 벌였다면 사정이 굉장히 달라졌을 것이다. 한국광복군이 직접 일본의 항복을 받아 냈을 수도 있고, 그랬다면 미군과 소련군이 일본군의 항복을 받으러 이 땅에 들어오지 않았을지 모른다. 따라서 나라가 둘로 갈라지는 일도 없었을지 모른다.

◀ 한국광복군

그러나 일본이 우리가 아닌 연합국에 항복함으로써, 우리의 힘으로 일본을 물리치고 해방된 나라를 꾸려 갈 기회는 사라지고 말았다.

반제국주의 무장 투쟁 – 유럽에서는

일본이 중국을 침략하고 있던 1939년, 독일은 폴란드를 침공하여 제2차 세계 대전을 일으켰다. 당시 독일의 통치자는 나치당의 지도자인 아돌프 히틀러(1889~1945)였다. 일본과 독일, 이탈리아는 모두 전체주의 국가라는 공통점이 있었고 서로 동맹을 맺고 있었다.

이 나라들은 왜 제2차 세계 대전을 일으켰을까? 1929년, 세계 대공황이 발생했다. 자본주의 국가들이 상품을 너무 많이 만드는 바람에 상품이 남아돌았던 것이다. 식민지가 많은 영국과 프랑스는 남아도는 상품을 식민지에 팔아서 위기를 헤쳐 나갔다. 그러나 독일, 이탈리아, 일본은 가지고 있는 식민지가 적어서 대공황으로부터 큰 타격을 입었다. 그래서 이들은 영국과 프랑스를 상대로 식민지를 빼앗기 위해 전쟁을 시작한 것이다.

1940년 독일은 프랑스 북부를 점령했다. 잘못하면 프랑스 전체가 독일군에 짓밟힐 위기 상황이었다. 이때 자기 목숨을 아끼지 않고 총을 들고 나선 저항군을 레지스탕스라고 부른다. 레지스탕스는 프랑스 말로 '저항하는 사람'이라는 뜻이다. 이들은 "하일 히틀러(히틀러 만세)"를 외치는 무시무시한 나치 군대에 대항하여 용감히 싸웠다.

▶ 아돌프 히틀러

▲ 아우슈비츠 강제 수용소의 학살 현장
인종주의가 극단으로 치달으면서 유대인은 강제 수용소에 갇혔고 그중 많은 사람이 목숨을 잃었다.

히틀러는 유대인을 600만 명이나 학살했던 사람이다. 그리고 체코슬로바키아, 프랑스, 소련 등 여러 나라를 침략하여 전 세계를 피바다로 몰고 갔던 인물이다. 그런 히틀러의 군대가 파리를 점령했을 때 사람들은 얼마나 무서웠을까?

▲ 레지스탕스들이 사용한 위장 단파 라디오
레지스탕스들은 활동에 필요한 무기와 물건을 나치의 수색을 피해 담배갑, 새집, 구두솔, 책에 숨겼다.

그러나 두려움에 떨고 있을 수만은 없었다. 무섭다고 해서 히틀러 군대에 대항하지 않는다면 이들은 더욱더 못된 짓을 하고 다닐 테니 말이다. 히틀러 같은 악당은 스스로 자신의 잘못을 뉘우치지 않는다. 맞서 싸워서 승리하는 수밖에 없었다.

무섭고 목숨이 아까워도 악당을 제거하기 위해 총을 들고 싸워야 했다. 레지스탕스는 더 많은 사람의 희생을 막기 위해 기꺼이 나섰다. 1944년 프랑스 레지스탕스의 수는 10만 명에 이르렀다. 연합군이 프랑스 북쪽의 해안 지방인 노르망디에서 상륙 작전을 펼칠 때 레지스탕스는 독일군의 배후에서 온 국민의 무장봉기를 주도했다. 결국 프랑스와 영국의 연합군은 1944년 노르망디 상륙 작전을 성공시켜 독일군을 무찔렀다. 레지스탕스를 비롯하여 죽음에 맞서 용감히 싸운 사람들의 승리였다.

아시아에서 히틀러의 '악의 축'에 가담한 나라는 일본이었다. 일본은 1910년 우리나라를 식민지로 만들었다. 그러나 일본의 욕심은 여기서 끝나지 않았다. 1931년에는 만주 사변을 일으켜 만주를 점령했다. 그리고 1937년에는 드디어 중·일 전쟁을 일으켜 중국 전체를 식민지로 삼으려는 야욕을 드러냈다.

히틀러의 독일이 프랑스 북부를 점령하자 일본은 프랑스의 식민지인 인도차이나를 점령했다. 같은 편인 독일과 일본은 손발이 착착 맞았다. 그러나 일본의 일방적인 침략은 오래 지속되지 못했다. 미국과 영국이 강력히 맞섰기 때문이다. 이에 일본은 1941년 진주만에 있는 미군 기지를 공격하면서 태평양 전쟁을 일으켰다.

태평양 전쟁 초기에 일본의 공세는 성공적이었다. 하지만 소련까지 가담한 연합국의 공세 앞에서 일본은 무릎을 꿇을 수밖에 없었다. 특히 히로시마와 나가사키에

▲ 히로시마에 떨어진 원자 폭탄(모형)

히로시마와 나가사키에 떨어진 원자 폭탄은 그 자리에서 약 21만 명을 죽이고 수십만 명의 방사능 오염 희생자들을 낳으며 제2차 세계 대전을 종결시켰다. 제2차 세계 대전의 총 희생자 수는 약 6,200만 명으로 추정되는데 이 중에서 3,700만 명이 민간인이었다.

떨어진 원자 폭탄의 위력 앞에 일본은 항복 외에 대안이 없었다. 결국 1945년 8월 15일 일본이 연합군에 무조건 항복함으로써 전 인류를 공포와 죽음으로 몰아넣었던 지긋지긋한 제2차 세계 대전이 끝났다.

1910년 강제로 일제의 식민지가 된 이래 우리 민족은 일본 제국주의에 맞서 열심히 투쟁했다. 그렇지만 우리 힘으로 일본을 몰아낼 수 없었다. 일본은 연합군에 항복했다. 그 바람에 일본에게 항복을 받은 미국과 소련이 한국 문제를 처리하는 데 주도권을 쥐었다. 이것은 우리가 남북으로 분단되는 중요한 원인의 하나가 되었다.

이와 반대로 프랑스는 레지스탕스를 조직하여 연합군과 함께 실질적으로 전투를 수행하여 독일의 항복을 받아 냈다. 그 후 프랑스에는 레지스탕스를 주도적으로 이끈 드골(1890~1970)을 중심으로 임시 정부가 수립되었다. 우리는 중세 사회를 주체적으로 극복한 프랑스 혁명의 예에 이어 또 한 번 프랑스 역사에서 '자기 힘으로 한다는 것'의 중요성을 발견한다.

역사는
한국에서, 세계에서
흐른다

한국사 ➡

1932년
이봉창과 윤봉길의 의거

1931년
일본, 만주 침략

1933년
독일, 히틀러 집권

세계사 ➡

● 원자 폭탄 투하 전후의 나가사키

1938년	1940년	1942년	1944년
한글 교육 금지	한국광복군 창설	조선어 학회 사건	징병제

1939년
징용령 시행

1941년
대한민국 임시 정부,
일본에 선전 포고

1939년
제2차 세계 대전 발발(~1945)

1941년
태평양 전쟁 발발

1944년
노르망디 상륙 작전

근대 역사의 주역들_ 19세기의 세계 지도

영국, 세계 위에 우뚝

　18세기 영국은 에스파냐를 따돌리고 식민지 개척 경쟁에서 선두를 달렸다. 영국인은 식민지에서 가져온 풍부한 재화로 자본을 축적하여 공장을 지었고, 그 공장에서 생산한 상품을 다시 식민지에 내다 팔았다. 게다가 영국은 유럽 중에서도 맨 먼저 왕의 권력이 역사 속으로 사라지고 돈 많은 시민들, 그러니까 공장주라든가 사업가들이 나랏일을 좌우하고 있었다.

　상업 활동 자유롭겠다, 자원도 풍부하겠다, 마침 농업 생산력도 유럽에서 가장 높았던 영국은 맨 먼저 산업 혁명을 일으켰다. 그리고 그길로 제국주의로 달려갔다.

▨	미국령
▨	영국령
▨	프랑스령
▨	러시아령
▨	독일령
▨	포르투갈령
▨	에스파냐령
▨	네덜란드령
▨	이탈리아령
▨	벨기에령

영국
런던
프랑
마드리드 ○ 에스파냐
프랑스령
뉴욕
워싱턴
시카고
시애틀
미국
로스앤젤레스
멕시코시티
브라질
리우데자네이루
남
산티아고
부에노스아이레스
아르헨티나

태평천국의 꿈, 제국주의의 총 앞에 스러지다

홍수전은 자신이 하늘로부터 지상의 '요마'를 처단하고 세상을 구할 소명을 부여받았다고 믿었다. '요마'란 다름 아닌, 농민들을 쥐어짜는 관료와 지주였다. 그는 지주들을 몰아내고 토지를 평등하게 분배하여 지상 천국을 건설하고자 했다. 그러나 결국 '요마'의 하나인 서양 제국주의 열강들은 중국에 강력한 새 정부가 들어서면 중국 땅을 마음껏 누비고 다닐 수 없으리라 염려하여 군대를 파견했다. 1864년, 태평천국의 수도 천경이 무너지고 14년을 이어 온 천국 또한 사라지고 말았다.

○모스크바

러 시 아

콘스탄티노플

오스만 제국 테헤란

○바그다드

○카이로

○카라치

영국령
인도

○캘커타

볼베이

청 ○베이징

충칭 ○한성

상하이○ 대한 제국

광저우 도쿄 일본

프랑스령 마닐라
인도차이나 필리핀

자카르타

네덜란드령 동인도

아프리카 연방
타운

오스트레일리아
연방

시드니

ONE WORLE

UN MOND

ОДИН МИ

JOIN

► 유엔 포스터 「하나의 세계」

NATIONS ASSOCIATION

4 부

남북한과 현대 세계

두 차례의 세계 대전이 끝나면서 세계는 자본주의 진영과 사회주의 진영의 냉전 체제에 접어들었다. 두 진영은 6·25 전쟁으로 직접 부딪치기도 했지만, 1970년대 초부터는 평화 공존을 모색하게 되었다. 그러나 1980년대 중반 소련의 개혁·개방 정책을 계기로 사회주의 체제가 몰락하고 냉전의 시대는 끝이 났다.

01

세계 대전의 종식과 냉전의 시작

한반도의 남북 분단과 세계의 동서 냉전

전체주의에 대항해서 하나가 되었던 미국과 소련은 제2차 세계 대전이 끝나자 적으로 돌아섰다. 세계는 자본주의 진영과 사회주의 진영으로 나뉘어 냉전을 벌였다. 일제의 식민 지배에서 벗어나자마자 남북으로 분단된 한반도는 이 냉전의 최전선에서 동족끼리 치열한 체제 대결을 벌여야 했다.

▲ 한반도를 분단시킨 스탈린과 트루먼, 이에 저항한 김구
배경 사진 서울 중앙청 광장에서 열린 대한민국 정부 수립 기념식(1948. 8. 15.)

오른쪽 사진을 보자. 일제 식민 통치 끝에 해방을 맞이하여 기뻐하는 사람들의 모습이다. 1945년 8월 15일, 35년간 꿈에도 그리던 해방을 맞이했으니 얼마나 기뻤을까? 아마 2002년 월드컵에서 우리 대표 팀이 4강 신화를 이루었을 때보다 몇십 배, 아니 몇백 배는 기뻤을 것이다.

일제로부터 해방된 우리 민족은 이제 우리 손으로 정부를 수립하여 행복하게 살 수 있을 것이라고 기대했다. 그러나 이것이 순진한 생각이었음을 깨닫게 된 것은 그리 오래 지나지 않아서였다. 우리에게는 미처 생각하지 못한 크나큰 시련이 다가오고 있었다.

해방은 우리의 손이 아닌 연합군 덕으로 이루어졌고, 이후 우리 민족의 운명은 연합국의 결정에 따라 정해졌다. 그러니 해방 이후 우리의 역사를 살펴보려면 먼저 당시 연합국의 우두머리인 미국과 소련이 한반도에 대해 어떤 태도를 가지고 있었는지부터 살펴보아야 한다.

▲ 해방 경축 시가행진
1945년 8월 15일, 35년간의 일제 강점기가 끝나고 우리 민족은 해방을 맞이했다. 사진은 해방 직후 전라남도 광양 주민들이 급히 그린 태극기를 휘날리며 거리를 행진하는 모습.

해방 직후 미군은 남한 땅에 진주해서 중앙청에 걸려 있던 일장기를 내리고 성조기를 게양했다. 같은 시기 소련군은 평양에 진주하여 자기네 국기를 게양하고 있었다. 아니, 왜 우리 땅에 외국 군대가, 그것도 두 나라의 군대가 주둔하게 되었을까?

제2차 세계 대전은 1945년 8월 15일 일본이 연합국에 무조건 항복함으로써 끝이 났다. 일본은 연합국에 항복을 했고, 항복을 한 이후에도 조선의 땅에서는 일본군과 일본 경찰이 질서를 유지하고 있었다.

한번 생각해 보자. 패배한 일본군이 일본으로 돌아가기 전에 화풀이라도 하기 위해 한국인을 마구 죽인다면 어떻게 할까? 이러한 불행한 사태를 막기 위해서 미군과 소련군이 일본군의 무장 해제를 위해 군대를 파견했다. 우리나라 땅이기는 하지만, 우리

스스로는 힘이 없는 형편이라 어쩔 수 없었다.

그런데 문제는 한 나라가 아니라 미국과 소련이라는 두 나라 군대가 들어왔다는 것이다. 미국은 자본주의 국가이고 소련은 사회주의 국가였다. 그들은 원래 적이었다. 물론 잠시 친구가 된 적도 있었지만, 공동의 적인 전체주의 세력이 나타났을 때 잠시 손을 잡았던 것뿐이다. 이 두 나라의 군대가 한반도를 나누어 점령한 것은 둘 다 한반도를 중요하게 여겼기 때문이다.

이렇게 미국과 소련이 서로 한반도를 차지하겠다고 다투는 바람에 결국 한반도의 한쪽에는 소련 군대가, 다른 한쪽에는 미국 군대가 진주하게 되었다. 양 체제의 대표국이 각각 자리를 잡은 것은 남북 분단의 가장 중요한 원인이 되었다. 소련이 점령한 북쪽에는 사회주의 체제가, 미국이 들어선 남쪽에는 자본주의 체제가 수립될 가능성이 아주 높았다. 불행히도 이러한 가능성은 그대로 현실이 되고 말았다.

그런데 과연 분단의 원인이 미국과 소련에만 있을까? 꼭 그렇게 볼 수만은 없다. 우리 민족 내부에도 원인이 있었다. 해방이 되자 우리 민족 안에서는 일제 강점기부터 이어져 온 좌파와 우파의 대립이 더욱 격렬해졌다.

남한에서는 우파인 민족주의자가 미군의 힘을 빌려 사회주의자들을 탄압하고 자신들의 세력을 키웠다. 반대로 북한에서는 소련군을 등에 업은 사회주의자들이 민족주의자들을 제거하기 시작했다. 물론 미군과 소련군은 자신들에게 이익이 되는 세력을 지원했다. 이때 우파에서는 김구(1876~1949), 이승만(1875~1965) 등이 대표적 인물이었고, 좌파에서는 김일성(1912~1994)과 박헌영(1900~1955)이 대표적인 인물이었다.

물론 좌파와 우파가 대립하는 중에도 두 세력이 함께 만나 힘을 합치려는 노력이 있었다. 1946년에는 좌파인 여운형(1886~1947)과 우파인 김규식(1881~1950)이, 1948년에는 남한의 김구와 북한의 김일성이 손을 잡았으나 성공하지 못하고 나라의 분단을 지켜봐야 했다. 우리의 힘이 외세를 극복하기에는 너무 약했기 때문이다.

▲ 제1차 미·소 공동 위원회(위)와 회의가 열린 덕수궁 석조전(아래)
한국의 신탁 통치와 임시 정부 수립을 위해 미·소 공동 위원회가 열렸다. 그러나 미국과 소련이 서로 자기 나라에 우호적인 정부를 한반도에 수립하려고 하여 합의에 이르지 못하고 실패했다.

해방 공간의 이념 대립

▲ 일제 강점기에 중앙청(당시 조선 총독부)에 게양된 일장기

▲ 해방 이후 중앙청에 게양된 성조기

▲ 북한의 인공기

▲ 남한의 태극기

▲ 신탁 통치 찬성 시위

미국과 소련이 한반도를 강대국의 신탁 통치 아래 두기로 결정하자 격렬한 찬반 시위가 일어났다. 대다수의 국민들이 신탁 통치를 반대했기 때문에 반탁 입장의 우익은 세력 기반을 확대했고, 찬탁 입장의 좌익은 국민의 지지를 잃었다.

▲ 신탁 통치 반대 시위

세계 대전의 종식과 냉전의 시작–세계에서는

▲ 소련의 우주 정거장 미르호
1957년 소련이 세계 최초의 인공위성 스푸트니크호를 발사한 것을 신호탄으로 미국과 소련은 우주 개발 경쟁에 돌입했다. 소련은 세계 최초로 인간 우주 비행(1961)과 우주 정거장 미르호 발사(1986)에 성공했다.

제2차 세계 대전이 끝난 뒤 미국과 소련의 대결 때문에 나뉜 나라는 우리나라만이 아니었다. 당시 전 세계적으로 벌어진 미국과 소련의 체제 대결을 살펴보면 우리나라에서 일어난 일도 훨씬 더 잘 이해할 수 있다.

오른쪽의 지도를 한번 보자. 세계가 크게 두 가지 색깔로 나뉘어 있다. 한편에는 소련을 중심으로 한 사회주의 국가들이 있고, 다른 한편에는 이에 대항하여 미국의 지원을 받는 자본주의 국가들이 자리 잡고 있다.

자본주의 진영의 중심은 제2차 세계 대전 이전에 전 세계를 호령하던 제국주의 국가들이 대부분인 서유럽이다. 사회주의 진영은 그러한 서유럽 나라들의 기세에 오금도 펴지 못하고 주눅 들어 있던 동유럽이다.

그렇게 오래 세계를 쥐락펴락하던 나라들마저도 이렇게 두 진영으로 나누어 놓은 것은 미국과 소련이라는 신흥 강국이었다. 당시의 세계 지도를 보고 있으면 일본의 식민지였던 한반도가 둘로 나뉜 것은 아주 작은 문제에 불과하다는 생각마저 든다. 자, 그러면 유럽의 나라들이 큰 전쟁의 깊은 상처를 미처 치료할 틈도 없이 이처럼 둘로 갈라져 대립하게 된 내력을 살펴보자.

독일, 이탈리아, 일본 등 전체주의 국가들이 연합국에 패배하면서 제2차 세계 대전은 끝이 났다. 그러나 연합국에 참여했던 국가들은 승리의 기쁨을 그리 오래 누리지 못했다. 전체주의 국가들이 사라지자 연합국 내부에서 갈등과 대립이 시작되었기 때문이다.

연합국은 미국을 중심으로 한 자본주의 국가와 소련이라는 사회주의 국가로 구성되어 있었다. 모든 인류를 노예로 만들겠다고 덤벼드는 무시무시한 적과 맞서 싸울 때는 하나였지만, 그 공동의 적이 사라진 마당에 협력을 계속하기란 불가능했다. 자본주의를 타도하는 것이 목표인 사회주의 국가와 자본주의 국가는 진정한 친구가 될 수 없었다.

동과 서로 양분된 세계

- 나토(NATO) 회원국
- 미국의 동맹국
- 바르샤바 조약 기구(WTO) 회원국
- 그 밖의 사회주의 국가
- 기타 소련의 동맹국
- 유럽의 식민지

제2차 세계 대전 이후 세계는 자본주의를 채택한 자본주의 진영과 공산주의를 채택한 공산 진영 양쪽으로 나뉘어 대립했다. 양 진영 간에는 분쟁과 비난이 끊이지 않았다.

중국에서 공산당과 국민당이 그랬듯 잠시 잠깐 친하게 지낼 수 있었을 뿐이다.

미국과 소련은 제2차 세계 대전이 끝나고 세계를 자기에게 유리하게 만들려고 각축을 벌였다. 미국과 소련은 더 많은 국가가 자기네 경제 체제를 채택하기를 원했다. 그리하여 여러 나라에 자기네 군대를 배치하고 그 나라의 정치 세력 중 자신에게 유리한 정치 세력을 지원했다. 그 결과 소련군이 들어간 곳은 모두 사회주의 국가가 되고, 미군이 들어간 지역은 모두 자본주의 국가가 되었다. 미국과 소련의 체제 대결은 여기서 그치지 않았다.

미국은 1947년부터 자기편인 서유럽의 자본주의 국가들을 경제적으로 도와주기 시작했다. 제2차 세계 대전의 전쟁터였던 서유럽 나라들은 심각한 피해를 입고 재건이 시급한 상태였다. 이런 상황에서 만약 서유럽 경제가 잘 돌아가지 못하고 1920년대 말처럼 공황을 맞이

미국의 아폴로 11호 달 착륙 ▶
우주 경쟁에 한발 늦게 뛰어든 미국이 달 착륙 계획에는 소련보다 먼저 성공했다(1961). 인류 최초로 달 착륙에 성공한 아폴로 11호의 버즈 올드린과 헬멧에 반사된 닐 암스트롱의 모습.

171

01 _ 한반도의 남북 분단과 세계의 동서 냉전

한다면 사회주의 세력이 걷잡을 수 없이 강해질 수도 있었다. 그렇게 되면 자본주의 국가에서 사회주의 혁명이 일어날 수도 있음을 미국은 잘 알고 있었다. 미국은 그러한 사태를 방지하기 위해 미리 서유럽 나라들을 도와준 것이었다.

반면 소련도 동유럽 사회주의 국가들을 원조했다. 동유럽 나라들은 제2차 세계 대전이 끝난 뒤 소련의 영향을 받아 사회주의 국가가 되었다. 그들 대부분이 아직 경제적 기반이 튼튼하지 못했다. 그래서 소련은 이들 나라에 경제적 지원을 해 주고 이를 통해 정치적 영향력을 행사했다.

미국과 소련은 자기편 나라들을 경제적으로 지원하는 데 그치지 않았다. 자기편을 모아 군사적으로도 동맹을 맺었다. 미국은 자기편 국가들을 북대서양 조약 기구(NATO)로 묶었다. 이에 대항해서 소련은 동유럽의 사회주의 국가들을 모아서 바르샤바 조약 기구(WTO)를 만들었다.

총을 쏘는 전쟁은 아니었지만 미국과 소련은 격렬한 상호 대립과 견제를 계속했다. 이를 '차가운 전쟁'이라는 뜻에서 냉전이라고 부른다. 이러한 냉전으로 세계는 다시 둘로 갈라져 대립했다. 그러한 대립이 한반도에도 그대로 나타나서 남북에 서로 다른 경제 체제를 가진 두 개의 국가가 수립되기에 이르렀다. 우리나라는 국제적인 냉전의 희생물이 되고 만 것이다.

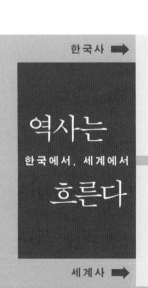

한국사 ➡

역사는
한국에서, 세계에서
흐른다

세계사 ➡

1945년
8·15 광복

1946년
여운형, 김규식, 좌우 합작 운동

1945년
일본, 연합군에 항복

● 베를린 장벽

공산주의 동독과 자본주의 서독을 동서로 나눈 베를린 장벽(1961~1990)

1947년	1948년
유엔, 인구 비례에 의한 남북한 총선거 결의	김구, 김규식, 남북 협상 5·10 총선거 정부 수립

1947년	1949년
파리 조약 미국, 서유럽 경제 부흥을 위한 마셜 플랜 발표	서유럽, 군사 동맹체인 북대서양 조약 기구(NATO) 결성

02

현대 세계의 체제 대결

6·25 전쟁의 미군과 중국군

1947년부터 시작된 냉전은 3년 만인 1950년, 한반도에서 열전(熱戰)으로 폭발했다. 각각 독자적인 정부를 세운

남북한 사이에 전면전이 벌어지자 세계가 이 전쟁에 뛰어들었다. 자본주의 진영에서는 미군을 중심으로 한 유엔군

이 나섰고, 사회주의 진영에서는 1949년에 공산화된 중국의 군대가 참전했다.

▲ 한반도를 두고 싸움을 벌인 미군과 중국군
배경 사진 폭파된 대동강 다리를 건너는 피난민들(1950.12.)

▲ 해방 후 한반도를 남북으로 가른 북위 38도선

▲ 6·25 전쟁 초기 국군의 무기
전쟁 초기 대전차용 무기가 없었던 국군은 수류탄과
화염병을 가지고 싸웠다.

이번 시간에는 우리 민족의 가장 큰 비극인 6·25 전쟁에 대해서 알아보자. 그러잖아도 일제의 식민 지배로 큰 상처를 입었던 우리 민족에게 왜 또 이렇게 큰 재앙이 닥쳤을까? 그리고 이 전쟁은 이후 우리 민족의 역사에 어떤 흔적을 남겼을까?

6·25 전쟁은 1950년 6월 25일 새벽에 시작되었다. 북한의 인민군이 남쪽으로 탱크를 밀고 내려오면서 전면전이 벌어진 것이다. 왜 이러한 전쟁이 일어난 것일까? 이유는 간단하다. 분단된 나라를 북한 중심으로 통일하여 하나의 사회주의 국가를 만들겠다는 것이었다.

해방 후 남과 북에는 두 개의 국가가 따로따로 세워졌다. 남한과 북한은 서로 자기의 방식이 좋다고 주장했다. 이 주장은 말에 그치지 않았다. 서로 자기 방식을 채택해야 한다고 위협하기까지 했다. 이렇게 으르렁거리다가 마침내 전쟁까지 벌인 것이다.

1950년 6월 25일 전면전이 벌어지기 전에도 작은 싸움은 있었다. 하지만 그때는 군인 몇백 명이 잠깐 싸우다가 그치는 정도였다. 서로 잘났다고 우기다가 싸움이 벌어지곤 했지만, 서로를 약 올리는 수준을 넘어서지 않았다.

● 전면전
두 국가의 모든 군대가 한꺼번에 싸움에 나서는 전쟁. 일부 병력만 가지고 일부 지역에서만 싸우는 것은 국지전이라고 한다.

6.25 전쟁은 어떻게 전개되었나?

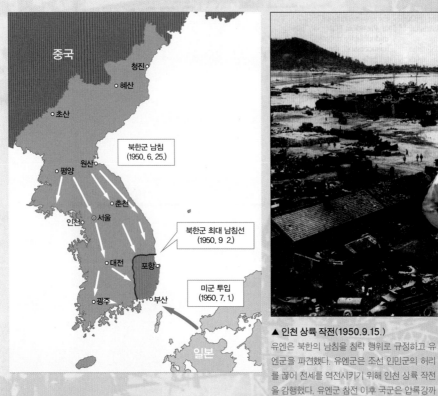

북한군 남침
(1950. 6. 25.)

북한군 최대 남침선
(1950. 9. 2.)

미군 투입
(1950. 7. 1.)

중국

청진
혜산
초산
원산
평양
춘천
인천 · 서울
대전
포항
광주 · 부산
일본

▲ 인천 상륙 작전(1950.9.15.)
유엔은 북한의 남침을 침략 행위로 규정하고 유
엔군을 파견했다. 유엔군은 조선 인민군의 허리
를 끊어 전세를 역전시키기 위해 인천 상륙 작전
을 감행했다. 유엔군 참전 이후 국군은 압록강까
지 진군했다.

▲ 6.25 전쟁 당시의 미군

▼ 중국군 6·25 전쟁 개입(1950. 10. 25.)
인천 상륙 작전 이후 북한군이 압록강까지 후퇴하는 위기에
처하자 중국군이 전쟁에 뛰어들었다.

▲ 전쟁 고아

중국

중국군 개입
(1950. 10. 25.)

유엔군 북진선
(1950. 11. 25.)

청진
혜산
초산

국군 압록강 진격
(1950. 11. 11.)

서울 수복
(1950. 9. 28.)

평양
원산
춘천
인천 · 서울

남한

인천 상륙 작전 (1950.9.15.)

대전
포항
광주 · 부산

일본

그런데 1950년 6월 25일, 이날은 아주 달랐다. 북한의 모든 군대가 갑자기 남한으로 넘어왔다. 남한은 허둥지둥 당황할 수밖에 없었다. 당시 이승만 대통령은 전쟁이 일어나자마자 대전으로 도망을 갔다. 이승만은 자기는 도망가면서도 서울 시민에게는 국군이 잘 싸우고 있으니까 안심해도 된다고 거짓말까지 했다. 그래서 서울 시민들은 안심하고 있었다. 그런데 불과 3일 후 인민군이 서울에 나타났다. 화들짝 놀란

▲ 휴전 협정 조인식(1953. 7. 27.)
휴전 협정은 전쟁을 잠시 중단한다는 협정에 불과하다. 전쟁을 완전 종결하는 평화 협정은 아직도 체결되지 않았다.

서울 시민들은 그제야 피란길에 올라 한강을 건너려고 했다.

이때 남한의 국군이 갑자기 한강 다리를 폭파했다. 인민군이 남쪽으로 내려오기 힘들게 길을 끊어 놓은 것이다. 다리가 그대로 있으면 인민군이 쉽게 한강을 건너 남쪽으로 계속 내려올 터였다. 왼쪽 첫 번째 지도에서 보듯이 국군은 한 달 만에 낙동강 부근까지 밀렸다. 그러자 미군이 주도하는 유엔군이 참전을 결정했고, 이들의 지원을 받은 국군은 9월 15일 인천 상륙 작전 이후 전세를 뒤집었다. 그 후에는 인민군이 북으로 밀리기 시작했다.

국군과 유엔군이 인민군을 북한과 중국의 국경까지 밀어붙이자 이번에는 중국군이 전쟁에 참여했다. 다시 유엔군과 국군이 후퇴하기 시작했다. 이번에도 국군은 평양에서 철수하면서 대동강 다리를 폭파했다. 피란길에 오른 사람들은 또다시 끊어진 다리를 건너야 했다(174쪽 바탕 사진).

결국 전쟁은 3년간 엎치락뒤치락하다가 휴전 협정으로 끝이 났다. 그리하여 애초의 분단 경계선이던 북위 38도선과 거의 같은 지점에 휴전선이 그어졌다. 6·25 전쟁이 일어난 근본적인 이유는 해방 후 남과 북에 서로 다른 체제의 정권이 수립되었기 때문이다. 만약 하나의 정부를 수립했다면 6·25 전쟁은 일어나지 않았을 것이다. 일찍이 김구가 남한만의 정부를 수립하는 것에 반대한 이유도 바로 이런 동족상잔을 염려했기 때문이다.

6·25 전쟁 때문에 우리 민족이 당한 고통은 말로 다할 수 없었다. 죽거나 다친 사람이 무려 500만 명이었다. 당시 인구가 3,000만 명이었으니까 여섯 명 중 한 명이 죽거나 다친 셈이었다. 그리고 공장과 토지의 거의 절반이 파괴되고 황폐화되었다. 그러잖아도

가난했는데 전쟁 후 우리 민족은 세계에서 가장 가난한 국민이 되고 말았다.

6·25 전쟁을 겪고 나서 남한과 북한은 서로를 너무나 증오하기 시작했다. 같은 민족이면서도 세상에서 서로를 가장 싫어하게 되었다. 아직까지 남북이 통일되지 못한 것도 바로 6·25 전쟁으로 서로에게 너무 큰 상처를 주었기 때문이다.

현대 세계의 체제 대결 – 동아시아에서는

그런데 6·25 전쟁은 우리 민족만의 전쟁이 아니었다. 이미 살펴본 것처럼 6·25 전쟁에는 수많은 외국 군대가 참전하여 서로 죽고 죽이는 비극을 연출했다. 6·25 전쟁을 전후하여 세계가 어떻게 움직이고 있었고 6·25 전쟁에 어떻게 반응했는지 알아보자.

오른쪽 사진을 보자. 군중이 들고 있는 사진 속의 주인공은 중국의 문화 대혁명을 이끈 마오쩌둥이다. 마오쩌둥은 중국 사람들이 제일 존경하는 인물로, 1919년 5·4 운동 이후 중국 공산당을 이끌어 온 현대 중국의 상징이라 할 수 있다.

그는 중국 공산당을 지도해 1949년 국민당과의 내전에서 승리를 거두고 중국에서 사회주의 혁명을 성공시켰다. 마오쩌둥은 어떻게 이러한 일을 실현했고 또 그것이 세계 역사에서 갖는 의미는 무엇일까?

1937년 일본이 중·일 전쟁을 일으켰을 때 국민당과 공산당은 손을 잡고 일본에 맞서 싸웠다. 결국 1945년 일본은 패배하고 중국은 승리를 쟁취했다. 당시 국민당은 공산당에 비해서 월등한 세력을 갖고 있었다. 미국 정부도 국민당 정부를 절대적으로 지지했다. 공산당도 일본과의 전쟁 과정에서 용감하게 싸워 중국 사람들로부터 신뢰를 얻고 있기는 했지만, 국민당에 비해서는 초라하기 짝이 없었다.

제2차 세계 대전이 끝나자 중국은 세계 5대 강국 중 하나가 되었다. 그리고 새로 만들어진 국제 기구인 국제 연합(UN)을 미국, 영국, 소련, 프랑스와 함께 이끌었다. 물론 당시 중국의 대표는 국민당의 장제스였다.

그런데 불과 4년 사이에 큰 변화가 생겼다. 국민당 정부는 부정부패가 심했다. 그리고 경제 정책을 잘못 펼쳐 국민을 적잖이 실망시켰다. 이와 반대로 공산당은 자신들이 점령한 지역에서 토지 개혁을 실시하여 농민들의 절대적인 지지를 받았다.

점점 약해지는 국민당과 강해지는 공산당의 대결에서 결국 승리한 것은 공산당이었다. 1949년 본토에서 쫓겨난 국민당은 타이완으로 들어갔다. 이렇게 해서 전 세계 인구

▲ 첨예한 냉전의 중심지 한반도
한반도는 공산 진영의 양강인 중국과 소련에 둘러싸여 있다. 이러한 지정학적 환경은 해방 후 남한의 사회 및 정치에 커다란 영향을 끼쳤다.

▲ 중국 문화 대혁명(1966~1976)
마오쩌둥은 10년에 걸친 문화 대혁명을 통해 반대파를 숙청하고 자신의 절대 권력을 확립했다.

의 4분의 1을 차지하는 중국이 공산주의 국가가 되었다. 중국이 공산화되자 냉전은 절정에 달했다. 제2차 세계 대전 직후 공산화된 동유럽 여러 나라에 중국이 가세하면서 사회주의 진영은 아주 강해졌다. 이제 미국을 중심으로 한 자본주의 국가들도 전혀 두렵지 않았다.

위의 지도를 보자. 중국이 공산화되면서 남한은 북한, 소련에 둘러싸여 고립되어 있다. 이때 북한의 김일성은 중국과 소련의 도움을 받으면 충분히 자기 손으로 한반도를 통일할 수 있다는 자신감을 가졌을 것이다. 제2차 세계 대전 이후 팽팽한 긴장 속에 펼쳐지던 자본주의 체제와 사회주의 체제의 냉전이 마침내 이 땅에서 전쟁으로 터져 나왔다.

중국의 공산화와 6·25 전쟁은 우리의 이웃 나라 일본에 큰 영향을 미쳤다. 제2차 세계 대전을 일으킨 일본은 우리와 달리 미국 한 나라가 점령했다. 미군은 처음에는 일본이 다시는 전쟁을 일으키지 못하도록 이 나라를 평화 국가로 만들려고 했다. 전쟁을 좋아하던 군인을 제거하고 군대를 유지하지 못하게 막았다.

그러나 냉전이 계속되는 가운데 중국이 공산화되자 미국은 당황했다. 그리고 북한이 파죽지세로 남한을 공략하자 생각을 바꾸었다. 자칫 잘못하면 남한이 공산주의 국가가 되고 이어 일본까지도 공산주의 국가가 될지 모른다는 걱정 때문이었다. 그래서 미국은 일본을 공산주의 세력에 맞서는 반공 기지로 만들기로 계획을 바꿨다. 미국은 일본과 안보 조약을 체결하고 일본의 오키나와에 미군 기지를 만들었다. 심지어 6·25 전쟁이 끝난 직후인 1954년 일본은 자위대라는 군대를 보유하기에 이르렀다.

이는 제2차 세계 대전을 일으킨 독일이 군사력을 키우지 못하게 억제당한 것과는 다른 정책이었다. 일본에서는 전쟁을 일으킨 범죄자를 제대로 처벌할 수 없었다. 지금까지도 일본이 과거 자신들의 잘못을 반성하지 않는 이유는 바로 이런 국제 정세와 관련이 있다.

6·25 전쟁으로 동아시아 지역의 긴장은 세계 그 어느 곳보다도 팽팽해졌다. 한반도는 세계 사회주의 체제와 세계 자본주의 체제가 서로의 생존을 위해 조금도 양보할 수 없는 곳이 되었다. 미국은 6·25 전쟁 이전에 한반도에서 군대를 철수했다가 전쟁이 벌어지자 부랴부랴 유엔군을 이끌고 돌아왔다. 이때 들어온 미군은 지금도 한반도를 떠나지 못한 채 북한과 대립하고 있다.

오늘날, 소련과 동유럽의 사회주의가 붕괴하고 냉전은 세계사의 유물이 되어 버렸다. 그러나 한반도와 동북아시아에서는 팽팽한 긴장이 70년 넘게 계속되고 있다.

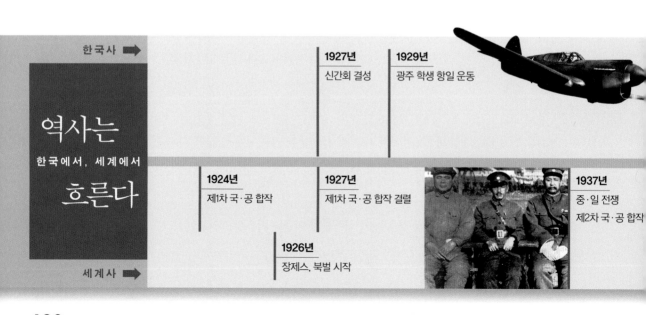

한국사 ➡

역사는
한국에서, 세계에서
흐른다

세계사 ➡

1927년
신간회 결성

1929년
광주 학생 항일 운동

1924년
제1차 국·공 합작

1927년
제1차 국·공 합작 결렬

1926년
장제스, 북벌 시작

1937년
중·일 전쟁
제2차 국·공 합작

▲ 파블로 피카소, 「한국에서의 학살」(1951)
피카소는 한반도의 6·25 전쟁에서 민간인이 학살되고 있다는 소식을 듣고 이 그림을 그렸다.

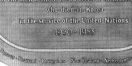

6·25 전쟁은 우리 민족의 지나간 비극일 뿐만
아니라 지금까지 우리를 고뇌에 빠뜨리는 갈등
의 시발점이었다.

▲ 유엔군 추모패
6·25 전쟁에서 사망한 유엔군의 넋을 기리는
추모패. 유엔 본부 명상실에 설치되어 있다.

1945년	1948년	1949년	1950년	1953년
8·15 광복	여수·순천 사건	미군 철수	애치슨 선언	반공 포로 석방
	소련군 철수	백범 김구 암살	6·25 전쟁(~1953)	휴전 협정

1946년
국·공 내전 시작

1949년
중화 인민 공화국 수립

03

냉전에 대한 두 목소리

반공 기지가 된 남한과 제3 세계의 성장

냉전이 6·25 전쟁으로 폭발한 뒤 한국은 자본주의 진영의 최전방 기지가 되었다. 한편 이 전쟁의 참혹한 모습을 목격한 많은 나라들은 미국과 소련 어느 쪽과도 동맹을 맺지 않는 제3 세계를 형성했다. 때마침 서유럽과 일본이 강력한 세력으로 등장하면서 미국의 독보적 지위는 흔들리기 시작했다.

▲ 퀴즈 프로그램 사회자: "자, 민주주의의 반대말은 무엇일까요?" 정답은 군주주의, 독재주의. 공산주의는 자본주의의 반대말이다.

배경 사진 부산항에 하역되는 미국의 원조 물자_ 미국의 잉여 농산물 원조는 1955년부터 1961년까지 이어졌다.

왼쪽의 바탕 사진은 6·25 전쟁이 끝난 뒤 미국이 우리나라에 공짜로 농산물을 원조하고 있는 장면이다. 당시 엄청난 전쟁의 후유증에 시달리고 있던 한국은 세계에서도 가장 가난한 나라 중 하나였다. 그런 한국에게 미국은 농산물 원조를 포함하여 많은 도움을 주었다.

▲ 미국의 대한 원조 물자 전달식

미국이 한국을 도와준 이유는 분명하다. 무슨 일이 있어도 지켜야 할 우방이었기 때문이다. 강력한 사회주의 세력과 마주 보고 있는 한국이 무너지면 자본주의 진영을 이끌고 있는 미국은 크나큰 타격을 입을 수밖에 없었다. 하지만 그렇다고 해서 아무런 경제적 계산도 없이 순수하게 한국을 도와주었을까?

미국이 한국에게 준 농산물은 자기 나라에서 먹고 남은 농산물이었다. 즉 미국 정부가 자기 나라 농민을 돕기 위해 남아도는 농산물을 세금으로 사서 한국에 준 것이다. 한국 정부는 미국이 준 농산물을 한국 사람에게 판매했고, 그렇게 번 돈으로 미국의 무기를 구입했다. 미국의 무기 회사가 이익을 본 것은 당연한 일이다.

어쨌든 한국은 미국의 도움이 고마웠다. 그러나 도움을 받는 한국 입장에서는 명심해야 할 것이 있었다. 미국 입장에서 한국이 필요 없어진다거나 한국을 도울 여유가 없어지면 더 이상 도움을 주지 않을 것이라는 사실이었다. 따라서 한국은 하루빨리 힘을 키워야 했다. 아닌 게 아니라 1958년부터 미국의 도움이 갑자기 줄어들기 시작했다. 미국이 가진 돈이 줄어들었기 때문이다. 그 이전에는 경제력에서 미국을 당할 나라가 없었다. 그런데 이 무렵 영국, 프랑스, 서독 등 유럽 나라들과 일본의 경제가 성장하면서 미국의 경제는 차츰 기울기 시작했다. 이제 미국은 이전처럼 돈을 물 쓰듯 쓸 수가 없었다. 결국 한국을 비롯한 여러 나라에 대한 원조도 줄이기 시작했다.

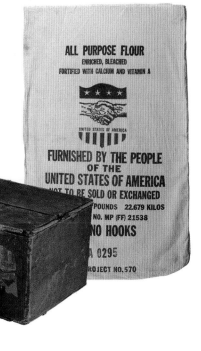

▶ 미국의 원조 물품
군용 식량 박스와 밀가루 포대

◀▲ '구직'이라고 쓴 팻말을 찬 실업자(좌)와 전쟁의 폐허 위에 세워진 판자촌(우)

미국의 도움에 크게 의존하던 한국 경제는 위기를 맞았다. 1958년에는 직전 해인 1957년에 비해 원조가 3분의 1 정도 줄었다. 그러자 일하고 싶어 하는 사람 세 명 중 한 명이 실업자가 되었다. 공장은 문을 닫았고 길거리에 실업자가 넘쳐 났다. 모두가 너무 힘든 때였다.

미국의 원조가 줄어들어 경제가 어려워지자 당시 대통령이던 이승만은 국민의 지지를 잃어 갔다. 다가오는 1960년의 대통령 선거에서 다시 당선되기는 어려운 상황이었다. 그러자 이승만은 대통령을 더 하기 위해 상상하기 힘든 부정행위를 저질렀다. 그것이 바로 역사에 기록되어 있는 3·15 부정 선거였다. 이 사건에 대해 자세히 살펴보자.

이승만은 대통령이 되기 위해서라면 무슨 일이든 하는 사람이었다. 그는 1948년에 처음으로 대통령이 되고 1952년 선거에서 대통령에 또 당선되었다. 당시 헌법은 한 사람이 두 번만 대통령을 할 수 있게 했다. 그런데 이승만은 두 번으로도 만족하지 못하여 헌법을 자기 마음대로 뜯어고친 다음 1956년 다시 대통령이 되었다.

대통령을 세 번씩이나 하려고 헌법을 뜯어고쳤던 이승만은, 원조가 줄고 경제가 어려워져 국민들이 자기를 싫어하는데도 불구하고 또다시 대통령이 되고 싶었다. 그리하여 1960년에는 아예 사전에 부정 선거를 계획해 놓고 선거에 출마했다. 미리 투표를 시키고 3명씩 조를 이루어 투표장에 가게 하는 것도 모자라서 투표함을 바꿔치기까지 했다. 국민은 이승만에게 부정 선거에 책임을 지고 물러나라고 요구했다. 이것이 바로 4·19 혁명의 시작이었다. 중·고등학생은 물론이고 초등학생까지 거리에 나와서 시위를 했다. 그런 시위대를 향해 경찰이 총을 쏘아 백여 명이 목숨을 잃기까지 했다.

　　이승만과 그 참모들은 잘못을 하고도 죄를 뉘우치지 않는 나쁜 사람들이었다. 그러나 국민들의 매서운 요구에 결국 이승만은 하와이로 도망을 갔다. 그리고 거기서 살다가 1965년에 죽었다. 이승만은 6·25 전쟁 이후에도 북진 통일을 주장한 반공주의자였다. 전쟁을 반대하면서 평화 통일을 주장한 **조봉암**(1898~1959) 같은 사람을 간첩으로 몰아 죽이기도 했다. 이렇듯 이승만은 냉전을 이용하여 자신의 이익을 챙기기에 바빴다.

　　이승만이 쫓겨나고 민주당이 정권을 잡자, 이승만 정부 때보다 훨씬 자유로운 분위기가 생겨났다. 이승만 시대의 서슬 퍼런 북진 통일론 앞에서 숨죽였던 학생들은 이제 북한 학생들과 만나고 싶은 마음을 밖으로 표현했다. 그래서 1961년에 "오라 남으로! 가자 북으로! 만나자 판문점에서!"라는 구호를 내세우고 통일 운동을 벌였다.

　　북한의 학생들도 이에 호응해서 막 만남이 성사되려던 즈음인 1961년 5월 16일, 박정희 장군(1917~1979)이 쿠데타를 일으켰다. 쿠데타란 군인들이 총과 탱크를 동원해서 정치인들을 위협하고 죽이면서 정권을 잡는 것을 말한다. 당시 소장이던 박정희는 사회가 혼란스럽다는 핑계로 쿠데타를 일으키고는 대통령이 되었다. 그리고 반공을 국가의 가장 중요한 정책으로 삼고 모든 통일 운동을 막았다. 결국 남북한의 학생은 만날 수 없게 되었고, 한국은 냉전의 한 축에서 반공의 첨단을 달리는 국가로 남았다.

● **조봉암**

조봉암은 일제 강점기에 여운형, 박헌영과 더불어 사회주의 운동을 했으나 해방 이후 사회주의자들과 결별했다. 그는 이승만 대통령 밑에서 초대 농림부 장관을 지냈으며 1956년 대통령 선거에도 출마했다.

◀ **4·19 혁명**

정부가 3·15 부정 선거에 항의하는 학생과 시민들을 폭력적으로 진압하자 전국에서 국민의 분노가 터져 나왔다. 사진은 혁명 당시 시청 앞 광장에 운집하는 시민들의 모습.

제3 세계의 성장

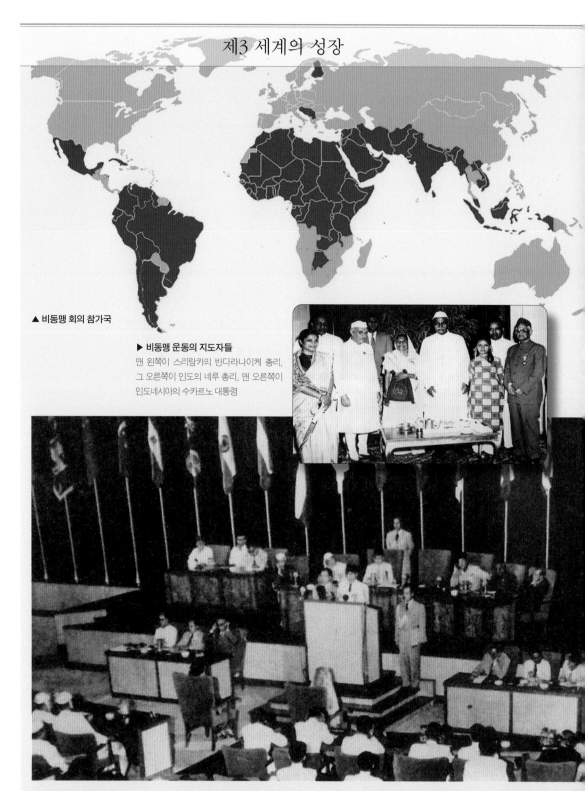

▲ 비동맹 회의 참가국

▶ 비동맹 운동의 지도자들
맨 왼쪽이 스리랑카의 반다라나이케 총리,
그 오른쪽이 인도의 네루 총리, 맨 오른쪽이
인도네시아의 수카르노 대통령

▲ 반둥 회의(1955)
인도네시아 반둥에서 열린 아시아 아프리카 회의에는 세계 인구의 과반수를 대표하는 29개국 대표단이 참석하여 반식민주의, 반인종주의, 국제 연합
가입 등을 결정했다.

냉전에 대한 두 목소리 – 세계에서는

이승만이 미국의 원조를 받으며 냉전에 앞장서고 있던 1955년, 인도네시아의 반둥이라는 곳에서는 그때까지 볼 수 없었던 국제회의가 열렸다. 이 회의에는 모두 29개 나라에서 참여했는데, 이들에게는 하나의 공통점이 있었다. 바로 미국과 소련 중심의 냉전 체제에 반대한다는 것이었다. 이 국가들은 제3 세계 국가라고 불렸다. 미국이 주도하는 제1 세계에도 속하지 않고 소련이 주도하는 제2 세계에도 속하지 않는 제3의 나라라는 뜻이었다.

인도의 네루(1889~1964), 인도네시아의 수카르노(1901~1970) 등 제3 세계 지도자들은 6·25 전쟁을 보고 커다란 두려움을 느꼈다. 미국과 소련의 대결에서 시작된 냉전이 결국 한국에서 전쟁이라는 형태로 폭발했기 때문이다. 이들은 이런 전쟁이 아시아의 다른 지역으로 확산되지 않도록 아시아, 아프리카 나라들이 하나로 뭉치자고 주장했다. 이러한 주장에 호응한 국가들이 모여 연 회의가 바로 반둥 회의였다.

이들이 냉전 체제에 반대한 이유는 분명했다. 세계가 이렇게 갈라져 싸우면 또다시 끔찍한 전쟁이 일어날 게 불 보듯 뻔했기 때문이다. 그래서 이들은 평화를 지키기 위해 어느 한쪽에 가담하는 것을 반대하고 나섰다.

반둥 회의에서는 국제 분쟁을 평화적으로 해결하고, 군사 동맹에 참가하지 않으며, 서로의 영토와 주권을 존중한다는 등의 '평화 10원칙'을 발표했다. 이제까지 미국과 소련의 틈바구니에서 희생당하기만 하던 국가들이 마침내 자신의 목소리를 내기 시작한 역사적 순간이었다. 이렇게 해서 미국과 소련 중심의 냉전 체제는 조금씩 흔들리기 시작했다.

냉전 체제의 변화는 자본주의 진영 내부에서도 조짐을 보이고 있었다. 앞에서 살펴본 대로 제2차 세계 대전 이후 자본주의 경제는 미국을 중심으로 다시 질서를 잡아 나갔다. 특히 소련의 팽창에 대비하여 미국은 서유럽 국가에 경제적 지원을 아끼지 않았고, 그 덕분에

▲ **일본의 전자 제품과 서유럽의 자동차**
1950년대 후반부터 일본과 서유럽의 경제는 미국을 견제할 만한 수준으로 성장했다. 사진은 일본 전자 산업을 대표하는 텔레비전, 라디오와 서유럽의 자동차.

자본주의 경제는 활기를 되찾았다. 자본주의는 역사상 최고의 황금기에 도달했다.

그런데 이러한 자본주의 국가들 사이에 적지 않은 변화가 일어났다. 1950년대 후반에 접어들면서 미국의 지위가 흔들리기 시작한 것이다. 제2차 세계 대전이 끝났을 때 미국은 정말 엄청난 부자 나라였다. 전 세계가 보유한 금덩이의 65퍼센트가 미국에 있을 정도였다. 그러나 1950년대 후반에 접어들면서 영국, 프랑스, 서독 등 서유럽 국가들과 일본의 경제가 성장했다.

이제 더는 미국이 세계 경제를 마음대로 쥐고 흔들 수 없었다. 또 미국의 상품은 전처럼 잘 팔리지 않았고 오히려 서유럽이나 일본의 상품이 인기를 끌었다. 미국 내에서도 상황은 마찬가지였다. 미국이 수출하는 상품이 점점 줄어들고 외국에서 수입하는 상품이 점점 늘어났다. 수출을 해야 돈을 벌 수 있는데 수출은 줄어들고 수입으로 돈을 쓰니 미국의 경제적 지위는 약화될 수밖에 없었다. 결국 미국은 이전에 자본주의 국가들에게 공짜로 주던 원조를 줄일 수밖에 없었다. 이렇게 미국의 지위가 약화되면서 제2차 세계 대전 이후 세계를 지배한 냉전 질서가 변화를 맞았다.

앞서 살펴보았듯이 1950년대에는 세계적으로 냉전이 지속되는 가운데에서도 6·25 전쟁을 계기로 평화를 주장하는 목소리가 높아졌다. 반둥 회의에서 처음 세력을 과시한 비동맹 세력은 이후로도 지속적으로 제3 세계의 단결을 외쳤다. 이제 더는 미국과 소련의 대결에 끌려다닐 수 없다는 약한 국가들의 함성이었다.

이와 같이 세계의 냉전 질서는 6·25 전쟁을 겪고 나서 변화의 조짐을 보였지만, 정작 전쟁터였던 한반도에서는 냉전의 기운이 더욱 강해지기만 했다. 한국은 미국의 편이 되어 미국의 원조를 받았다. 그 대가로 한국은 미국의 군사 기지가 되어 북한과의

1950년
2대 국회 의원 선거

1952년
발췌 개헌.
이승만 대통령이 집권 연장을 위해
대통령 직선제로 헌법 개정

역사는
한국에서, 세계에서
흐른다

1952년
미, 수소 폭탄 실험 성공

세계사 ▶

군사적 대결을 강화했다. 소련과 사회주의 진영의 팽창을 막으려는 미국의 뜻에 충실히 따른 것이다.

　이승만은 냉전을 이용하여 자신의 이익을 챙기기에 바빴다. 그러나 이승만은 미국의 원조가 줄어들자 결국 몰락하고 말았다. 자신의 힘을 키우지 않고 외세에 의존한 결과는 이렇게 비참했다.

　한국은 4·19 혁명으로 민주화를 이루고 밖으로도 제 목소리를 낼 수 있는 기회를 스스로 만들어 냈다. 그러나 5·16 군사 정변을 일으킨 박정희 정권은 이러한 민중의 열망을 짓밟아 버리고, 미국이 주도하는 냉전 질서 속에 한층 더 깊이 몸을 던졌다.

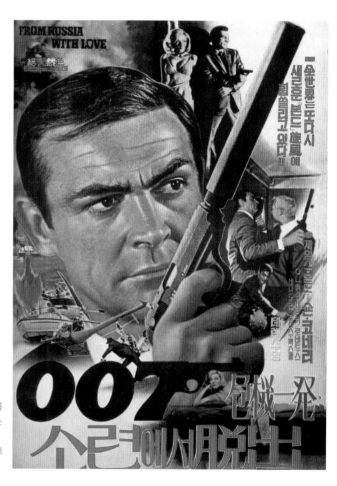

▶ 〈007 제임스 본드〉 시리즈
1962년에 시리즈가 시작된 이후 현재까지 총 25편이 제작되었다. 전 세계를 위협하는 악당 소련과 첩보전을 벌여 위기일발의 지구를 구한다는 이야기는 냉전 시대에 큰 인기를 끌었다.
사진은 시리즈의 두 번째 영화 〈러시아에서 사랑을 싣고〉의 포스터. 한국에서는 〈소련에서 탈출〉이라는 제목으로 개봉되었다.

1954년
사사오입 개헌.
이승만 대통령이 평생 대통령을 하기 위해 임기 제한을 철폐한 헌법 개정

1956년
3대 대통령 선거

1960년
3·15 부정 선거
4·19 혁명

1955년
바르샤바 조약 기구 성립
반둥 국제회의

1957년
소련, 세계 최초
인공위성 발사

1956년
헝가리, 폴란드, 반소 시위

04

현대 자본주의 경제의 발전

'한강의 기적'과 세계 경제

제2차 세계 대전 이후 자본주의는 미국을 중심으로 눈부시게 발전했다. 그러나 1960년대 후반 세계 경제는 기나

긴 침체의 늪에 빠져들었다. 1970년대 초 미국과 중국의 화해를 계기로 이제 세계는 평화 공존을 모색하는

분위기를 만들기 시작했다.

▲ "미국 경제가 기침을 하면 한국 경제는 감기에 걸린다."
배경 사진 전쟁의 폐허 위에 이룩한 한국 경제의 상징인 한강의 야경

▲ 한·일 협정 반대 시위

1950년대 이후 대외 군사 원조의 부담이 점점 커져 가던 미국은 일본과 한국을 하나로 묶는 동북아시아 방위 체제를 구축하려고 했다. 이를 위해서는 한국과 일본의 국교 회복이 필수적이었다. 사진은 당시 굴욕적인 한·일 협정에 반대하는 시민들의 연좌시위 모습.

위 사진은 1964년 한·일 협정에 반대하는 국민들이 시위를 벌이는 장면이다. 한·일 협정은 한국과 일본이 다시 교류를 한다는 국가 사이의 약속이었다. 우리나라는 1945년 해방 이후 일본과 교역을 하지 않고 있었다. 그런데 왜 일본과 다시 손을 잡은 것일까?

당시 대통령은 박정희(1917~1979)였다. 1961년에 총과 탱크를 앞세운 쿠데타로 권력을 잡은 사람이다. 그는 권력을 잡는 과정에서 저지른 잘못을 경제를 부흥시켜 만회하려 했다. 국민의 자유와 민주주의를 억압하는 대신 경제를 성장시킴으로써 국민들의 불만을 없애려고 한 것이다.

경제를 일으키기 위해서는 공장을 세워야 한다. 그런데 당시 우리나라는 가난해서 돈이 없었다. 가난한 나라니까 다른 나라들도 돈을 빌려 주지 않았다. 이런 어려움을 벗어나기 위해 박정희 정부가 들고 나온 정책이 바로 일본과의 국교 정상화였다.

만일 일본과 국교를 수립한다면 식민지 지배에 대한 보상금으로 일본에게서 돈을 받을 수 있었다. 그러나 국민은 이에 반대했다. 왜냐하면 일본이 식민지 지배에 대해 정식으로 사과하지 않았기 때문이다. 그러나 박정희 정부는 당장 돈이 급한 나머지 식민지 지배에 대한 공식적인 사과를 요구하지 않았다. 다만 돈 몇 푼 받으려고만 했다. 이에 국민들은 그깟 돈 몇 푼에 민족의 자존심을 팔아서는 안 된다며 굴욕적인 협상에 반대했다.

결국 박정희 정부는 1965년 일본과 국교를 수립하면서 공짜로 3억 달러를 받았다. 그리고 이후에는 차관 형태로 돈을 빌려 와서 경제 개발을 추진했다. 미국도 한국에 들

▲ 한국의 자동차 산업
1973년 박정희 대통령은 자동차, 선박 등을 생산하는 중공업과 비료 공업, 정유 공업 등 화학 공업을 육성하는 방안을 발표했다. 특히 자동차 산업은 한국 경제를 대표하는 핵심 산업으로 성장했다.

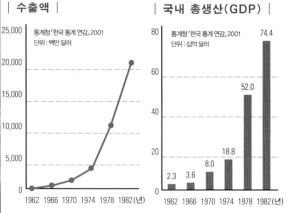

| 수출액 | | 국내 총생산(GDP) |

통계청 「한국 통계 연감」, 2001
단위 : 백만 달러

통계청 「한국 통계 연감」, 2001
단위 : 십억 달러

▲ 한국의 고도성장
1962년부터 1982년까지 20년간 한국의 연간 수출액은 10억 달러 미만에서 220억 달러로, 국내 총생산은 23억 달러에서 744억 달러로 비약적으로 증가했다.

어가는 군사비 부담을 줄이고 한국을 계속해서 반공 기지로 유지하기 위해 한국의 공업화를 적극적으로 지원했다.

이렇게 미국과 일본의 지원을 등에 업은 한국은 1960년대부터 공업을 키우기 시작했다. 그러나 농산물을 공짜로 받던 1950년대의 무상 원조와는 달리 정식으로 돈을 빌려야 했고 이자도 꼬박꼬박 내야 했다. 1960년대에는 주로 섬유나 가발 등 노동력이 많이 들어가는 제품을 만들었다. 돈도 기술도 없는 상황에서 내세울 것이라곤 값싼 노동력뿐이었기 때문이다.

그런데 1970년대 초 세계 경제에는 먹구름이 끼기 시작했다. 자본주의 경제에 주기적으로 나타나는 공황이 또다시 들이닥쳤던 것이다. 수출에 의존하던 한국 경제는 세계 경제가 침체기에 빠져들자 큰 타격을 받았다. 외국에서 돈을 빌린 기업들은 원금과 이자를 갚지 못해 하나둘씩 문을 닫기 시작했다. 엎친 데 덮친 격으로 1973년에는 석유값이 갑자기 뛰어올랐다. 기계를 돌리기 위해서는 석유가 필요한데 석유값이 오르다니 큰일이었다. 세계 경제와 한국 경제는 점점 더 깊은 침체의 늪으로 빠져들었다. 이 위기에서 살아남기 위해 박정희 정부가 선택한 것이 유신 체제와 중화학 공업화였다.

유신 체제는 국민이 정부에 불만을 표시하지 못하도록 이전보다 더욱 심하게 국민의 자유를 빼앗는 독재 체제였다. 이 체제 아래에서 박정희 정부에 반대하는 세력은 가혹한 탄압을 받아야 했다.

　중화학 공업화란 자동차, 제철, 선박, 석유 화학 등에 자본을 집중적으로 투자하여 공장을 건설하는 것을 말한다. 1960년대에는 주로 인형과 가발을 만들어 수출했던 우리나라가 이제는 자동차, 기계처럼 좀 더 무겁고 고급스러운 제품을 만들어 수출하는 구조로 변신을 꾀했다.

　한국을 반공 기지로 만들려는 미국은 군사 정권의 유신 독재를 눈감아 주었다. 또한 한국의 중화학 공업화에 대해 지원을 아끼지 않았다. 그리하여 한국 경제는 1970년대 세계 경제의 위기 속에서도 중화학 공업을 키우면서 경제 성장을 이룩할 수 있었다. 물론 그 밑바탕에는 낮은 임금에 우는 노동자와 싼 곡식값 때문에 빚더미에 올라앉은 농민이 있었다. 한국의 경제 성장을 흔히 '한강의 기적'이라고 하지만, 노동자와 농민을 비롯한 일반 국민은 좀처럼 그 기적의 혜택을 누릴 수 없었다.

　공업화 과정에서 희생을 강요당한 국민들은 끊임없이 박정희 정권에 저항했다. 대표적인 예가 1970년 노동자 전태일(1948~1970)의 분신 투쟁이었다. 노동 운동을 하던 전태일은 정부의 탄압과 언론 통제로 노동자의 억울한 사정을 알릴 길이 없자 온몸을 불길에 내맡기면서 "노동자는 기계가 아니다!"라고 외쳤다.

　박정희 정부 시절, 노동자는 인간이 아니라 기계처럼 부림을 당하고 있었던 것이다. 1979년 부산과 마산에서는 유신 정권에 반대하는 민중들의 대규모 시위가 일어나 박정희 정권이 몰락하는 계기가 되었다. '한강의 기적'이라는 찬사 뒤에는 어두운 그림자가 있었음을 잊어서는 안 된다.

▶ **청계천 평화 시장 앞에 세워진 전태일 동상**
1970년대에 노동자들은 법으로 정해진 근로 기준 시간을 훨씬 초과하는 중노동에 시달리면서도 제대로 임금을 받지 못하는 경우가 태반이었다. 노동자 전태일은 "근로 기준법을 준수하라!" 라고 외치며 투쟁했다.

현대 자본주의 경제의 발전 – 세계에서는

미국은 세계 자본주의 경제의 위기 속에서 한국의 공업화를 지원하여 이 나라를 지켜 냈다. 북한에 의해 공산화되는 것을 막았다는 이야기다. 그러나 미국은 아시아의 다른 곳에서 중대한 도전에 직면하고 있었다. 그곳은 바로 베트남이다.

제2차 세계 대전이 끝난 뒤 미국은 사회주의 국가가 늘어나는 것을 막기 위해 한국뿐 아니라 세계 곳곳에 자기네 군대를 파견했다. 베트남도 그중 한 곳이었다. 베트남은 제국주의 시대에 프랑스의 식민지였다.

그러다가 1954년, 식민지에서 벗어나 독립을 하려고 했다. 그런데 베트남이 사회주의 국가의 길을 가려고 하자 미국이 끼어들었다. 미국은 남베트남을 지원해서 베트남을 자본주의 국가로 만들려고 했다. 결국 미국과 남베트남은 장장 12년 동안 북쪽의 사회주의 정권과 전쟁을 벌였다.

미국은 자신의 이익을 위해 남베트남을 적극적으로 지원했다. 그러나 남베트남 정부는 독재를 하며 부정부패가 심했고 이로 인해 국민의 지지를 받지 못했다. 미국이 순전히 자신의 이익을 위해 부패한 남베트남을 지원한다는 사실이 알려지자, 미국 국민마저 전쟁 반대 시위를 하고 나섰다.

1973년 미국은 베트남에서 물러났다. 베트남 전쟁은 그때까지 미국이 패배한 단 하나의 전쟁이었다고 한다. 마침내 베트남에는 베트남 국민의 뜻에 따라 사회주의 정부가 수립되었다. 그리고 미국의 패배는 냉전 질서가 흔들리는 계기가 되었다.

미국은 오랫동안 자본주의 나라들의 큰 형님이었다. 한국에 원조를 하기도 했고, 서유럽 자본주의 국가들의 경제가 다시 일어설 수 있도록 도와주기도 했다. 그런데 앞에서 살펴본 것처럼 1950년대에 들어서자 제3 세계 국가들이 미국에 반대하며 자기들끼리 뭉치기 시작했다.

이에 미국은 제3 세계 국가들에게 자기 말을 잘 들으면 성공할 수 있다는 본보기를 만들어 보여 주고 싶었다. 그래서 미국은 반공 기지였던 한국과 타이완 등을 선택해서 공업화를 도왔고, 베트남에서는 자본주의 정권을 지원하며 전쟁을 벌였다.

미국이 베트남에서의 패배를 인정하고 군대를 철수시키기 위해서는 그럴듯한 변명이 필요했다. 1969년에 나온 닉슨(1913~1994) 대통령의 닉슨 독트린이 바로 그 변명이었다.

베트남 전쟁

중국

미얀마

라오스
비엔티안◎

하노이◎
북베트남

미국의 북베트남 공격(1965~67)

타이

호찌민 루트

캄보디아
프놈펜◎

남베트남

사이공

한국 월남 파병(1965)

사이공 함락, 베트남 전쟁 종결(1975)

남베트남 정부는 미국과 동맹국들의 막대한 지원에도 불구
하고 1975년에 결국 패배했다. 이후 베트남 공화국은 베트
남 사회주의 공화국이 되었다.

▶ **베트남 전쟁 반대 집회에서 연설하는 마틴 루서 킹**
미국 내에서 맨 먼저 베트남 전쟁에 반대하고 나선 사람들
은 흑인, 여성 등 사회의 소수자들이었다. 흑인 인권 운동
가 마틴 루서 킹 목사는 백인들의 학살 전쟁을 규탄하고 평
화를 촉구했다.

▲ 베트남 전쟁 당시 미군의 기관총 사격

▲ **미국 미술 작가 협회 포스터 위원회의 「미라이 학살」(1969)**
베트남에서 정글전을 수행하기 위한 미국의 M60 기관총과 고엽제는 베트남 전쟁의 상징이
되었다. 그러나 전쟁의 포화에 목숨을 잃은 것은 군인들만이 아니었다.
"아이들까지 죽여야 하는가?", "그렇다."는 문구의 포스터는 적군으로부터 민간인을 보호하
기 위한 전투였다고 거짓 보고된 미군의 미라이 학살을 적나라하게 비판하고 있다.

닉슨 대통령은 미국이 더 이상 아시아의 일에 간섭하지 않겠다고 선언하고 사회주의 국가들과도 친하게 지내자고 제안했다.

이것을 계기로 중국과 미국이 친해졌다. 사실 중국은 같은 사회주의 국가였던 소련과 사이가 안 좋은 상태였는데, 이 틈새를 미국이 파고든 것이다. 이렇게 자본주의 국가인 미국과 공산주의 국가인 중국이 손을 잡으면서 냉전 질서는 더욱 흔들리게 되었다.

미국의 도움을 받던 서유럽 국가와 일본이 성장하자 세계 경제에 대한 미국의 영향력도 약해졌다. 1970년대에 접어들면 이러한 경향이 더욱 뚜렷해진다. 중국이 소련에 반대했듯이 영국, 프랑스, 일본 등이 미국에 반대하여 자신의 목소리를 내기 시작했다. 그 결과 미국과 소련을 양쪽 편으로 하는 냉전 질서는 뿌리째 흔들렸다.

바로 이때 세계 경제에 공황이 찾아왔다. 상품을 너무 많이 만드는 바람에 상품이 팔리지 않고 창고에 쌓였다. 공장이 문을 닫고 실업자가 길거리를 가득 메우는 자본주의의 고질병이 도진 것이다. 더욱이 1973년과 1979년에 일어난 두 차례의 석유 파동은 자본주의를 쉽게 빠져나오기 힘든 어둠으로 몰아넣었다.

이렇듯 1970년대에는 빙하 같던 냉전의 질서가 흔들리고, 화려했던 세계 자본주의 경제가 빛을 잃어 갔다. 냉전 질서에 기대어 공업화를 진행하던 한국에도 1970년대 초는 최대의 위기였다.

바로 이런 상황에서 한국 경제는 중화학 공업화를 통해 위기를 넘기고 계속 성장할 수 있었다. 당시 중화학 공업은 미국을 비롯한 선진국에서는 더 이상 이윤이 남지 않는 산업이었다. 미국은 한국을 반공 기지로 계속 유지하기 위해 한국에 중화학 공업을

역사는
한국에서, 세계에서
흐른다

한국사 ▶

1961년
5·16 군사 정변

1965년
한·일 협정

1962년
미·소, 쿠바 위기 조성

1966년
중국, 문화 대혁명 시작

세계사 ▶

넘겨주었다. 다시 말해 한국은 냉전이 흔들리던 시기에도 계속 냉전의 최전선에 남아 있었고, 그 덕분에 경제 위기에서 탈출할 수 있었던 것이다.

◀ 사우디아라비아의 유전 지대
다극화 체제가 도래함에 따라 그동안 강대국들의 영향 아래 놓여 있던 많은 나라들이 독자적인 목소리를 내기 시작했다.
이해관계를 같이하는 국가들끼리 손잡는 현상도 나타났다. 특히 석유 수출국 기구는 1·2차 석유 파동을 주도하며 국제 사회에 영향력을 행사했다.

1970년
경부 고속 국도 개통
새마을 운동 시작

1972년
7·4 남북 공동 성명
10월 유신

1977년
수출 100억 달러 달성

1979년
10·26 사태

1969년
아폴로 11호
달 착륙

1972년
미국 닉슨 대통령, 중국 방문

1975년
베트남 전쟁 종식

6월 민주 항쟁과 88 올림픽

▲ 5·18 민주화 운동(1980.5.)

▲ 이한열 열사 영결식(1987.6.)

▼ 88 서울 올림픽 개막 행사(1988.9.)

1979년 10월 26일, 18년 동안 한국을 독재적으로 통치하던 박정희 대통령이 부하인 김재규 중앙정보부장이 쏜 총탄에 맞아 사망했다. 그러나 민주화의 꿈은 이루어지지 않았다. 그해 12월 12일, 전두환, 노태우 등 신군부가 쿠데타를 일으켰기 때문이다.

1980년 5월, 광주 시민은 쿠데타에 반대하는 민주화 시위를 벌였다. 신군부는 이 시위를 총칼로 진압하고 300여 명의 시민을 학살했다. 그렇게 정권을 잡은 전두환 대통령은 광주의 비극을 덮기 위해 1986년 아시안 게임과 1988년 올림픽의 개최권을 따냈다. 그러나 이러한 국제적 축제를 준비하기에는 국민의 가슴속에 광주의 슬픔이 너무도 깊게 남아 있었다.

전두환은 박정희 정부 때보다 더 지독한 독재 정치를 했다. 게다가 자신의 안위를 위해 친구이자 부하인 노태우를 후계자로 삼으려 했다. 그러자 국민은 이 계획을 저지하기 위해 대통령 선거를 직접 선거제(직선제)로 바꿀 것을 요구했다. 유신 정권 이래 군사 정부의 대통령 선출 방식은 이른바 '체육관 선거'라고 불리는 간접 선거제(간선제)였다. 정부의 말을 잘 듣는 선거인단을 체육관에 불러 놓고 정부가 정해 놓은 후보를 뽑게 했던 것이다.

전두환은 직선제에 대한 국민의 요구를 거부했다. 그러자 4·19 혁명 때처럼 온 국민이 거리에 나와 민주화를 요구했다. 이 와중에 당시 연세대 학생 이한열이 최루탄에 맞아 숨을 거두었다. 국민의 분노가 일파만파로 번졌다. 들불같이 일어난 민주화 요구에 전두환은 결국 굴복하고 직선제를 받아들였다. 1987년 6월의 일이었다. 그러나 6월 민주 항쟁으로 얻은 대통령 직접 선거에서 당선된 것은 노태우였다. 민주 진영이 김영삼과 김대중 두 후보로 분열되었기 때문이다. 민주 세력이 국민에게 선택받아 정치권력을 잡는 일은 그 후로도 10년을 더 기다려서야 볼 수 있었다.

민주화를 통해 한국이 달라지는 동안 세계의 모습도 확 달라지고 있었다. 1990년대 들어 소련과 동유럽 사회주의가 무너지고 냉전 체제가 해체되었다. 미국은 더 이상 한국을 보호하지 않았다. 그와 반대로 자기 나라의 이익을 좇으면서 한국을 경제적으로 압박했다. 1997년 말에 닥친 한국의 경제 위기에도 예전처럼 적극적인 도움의 손길을 주지 않았다. 남북 대치 상황은 여전히 계속되었다.

그래도 6월 민주 항쟁을 이룩한 국민들은 이처럼 험난한 환경을 일부 독재 정권의 손에 맡겨 두지 않고 스스로의 힘으로 헤쳐 나갔다. 그것이 한국의 민주화가 갖는 역사적 의의가 아닐까?

05

사회주의 실험의 역사

북한 현대사와 세계 사회주의 체제

북한은 1970년대 초까지도 한국과의 체제 경쟁에서 뒤지지 않았다. 소련도 세계 사회주의 체제를 이끌면서 미국과
의 경쟁에서 조금도 밀리지 않았다. 그러나 1980년대 중반 이후 힘의 균형이 미국 쪽으로 쏠리더니 1990년대 들어
소련과 동유럽 사회주의 국가들은 거짓말처럼 지구상
에서 사라져 버렸다. 국제 사회에서 고립된 채 생존
을 장담할 수 없게 된 북한의 선택은 무엇일까?

▲ 외교 관계를 수립한 소련의 고르바초프와 한국의 노태우. 이에 분노하는 김일성

배경 사진 사회주의 국가의 도시 중심에 세워져 있던 레닌 동상이 철거되는 광경

오른쪽 아래의 탑을 보자. 김일성 주석이 만든 주체사상을 기념하기 위한 평양의 주체사상탑이다. 김일성은 북한을 세우고 약 50년간 북한을 이끌었던 인물이다. 북한을 올바로 이해하기 위해서는 북한 현대사의 유일무이한 인물 김일성을 먼저 알아야 한다.

김일성은 일제 강점기가 막 시작된 1912년 평안도에서 태어났다. 어린 시절부터 만주로 건너가 일본군에 맞서 싸우는 무장 투쟁을 했다고 한다. 많을 때는 1,000여 명의 부대원을 거느리고 활동하기도 했다.

1945년 해방이 되자 그는 소련군과 함께 북한에 들어왔다. 소련의 지원을 받아 권력을 잡은 그는 북한을 사회주의 국가로 만들었다. 공장 등의 생산 수단을 국가 소유로 했고, 지주의 토지를 빼앗아 토지가 없는 농민에게 나누어 주었다.

1950년 남북한 사이에 돌이킬 수 없는 동족상잔의 비극이 벌어졌다. 김일성의 명령에 따라 북한 인민군이 전격적인 남침을 개시함으로써 6·25 전쟁이 시작되었다. 남한을 무력으로 제압해 사회주의로 만들려는 것이었다. 그것은 김일성의 커다란 잘못이었다. 목적을 이루지도 못했을 뿐 아니라 전 국민의 6분의 1 정도인 500만 명이 죽거나 다쳤기 때문이다. 전쟁 때문에 남북한 사이의 통일은 더욱 먼일이 되어 버렸고 동족 사이에는 증오와 사생결단의 경쟁심만 남았다.

6·25 전쟁으로 온 국토가 폐허가 된 가운데 북한은 김일성의 지시로 천리마 운동을 벌이면서 경제를 다시 일으켜 세웠다. 이 운동은 상당한 성과를 거두어 1960년대에는 경제력에서 남한을 앞질렀다.

그런데 바로 그 1960년대에 북한의 형제 국가이던 중국과 소련이 서로를 비난하는 중·소 논쟁이 벌어졌다. 그러자 북한은 상당히 난처한 입장에 빠졌다. 사회주의 강대국인 두 나라가 서로를 비난하니 누구를 편들어야 할지 몰라 난감했던 것이다.

▶ 평양의 주체사상탑
북한의 통치 이념인 주체사상은 모든 것을 북한의 실정에 맞게 해 나가며 사회주의 일반 원리와 다른 나라의 경험을 북한의 실정에 맞게 창조적으로 적용해 나가자는 사상이다.

처음에 북한은 중국을 편들다가 나중에 가서는 소련을 지지했다. 이 과정에서 북한은 그 어느 쪽도 끝까지 믿을 수 없다는 생각에 이르렀다. 그리하여 북한 스스로 독자적인 사회주의 노선을 밟아 나가겠다며 주체사상을 만들기 시작했다. 주체사상으로 무장한 북한은 1980년대 초까지 순조롭게 경제를 발전시켰다. 그러나 1980년대 중반부터 북한 사회는 제자리걸음을 하기 시작했다. 그러더니 1990년대에 들어서면서부터는 오히려 뒷걸음질을 치고 있다.

아무리 주체사상을 내세운다지만 그래도 중국과 소련 그리고 동유럽의 사회주의 국가들은 북한의 든든한 우방이었다. 그런데 1990년 소련이 한국과 국교를 수립하더니 2년 뒤에는 중국까지 한국과 수교를 했다. 소련은 한국과 수교한 지 1년 만에 사회주의를 버리고 자본주의 체제를 선택했다.

동유럽의 사회주의 국가들이 소련이 간 길을 뒤따랐다. 중국은 제 앞가림하기만도 바빴다. 이때 북한은 무슨 생각을 했을까? 아마 온 세상에 혼자 남은 기분이었을 것이다. 북한은 외교적으로도 경제적으로도 점점 고립되어 갔다. 소련이 무너지면서 세상에 겁날 것이 없어진 미국은 북한을 노골적으로 협박하고 나섰다. 북한으로서는 이제야말로 믿을 것은 자기 자신밖에 없다는 생각을 곱씹었을 것이다.

세계 유일 초강대국인 미국에 맞서기 위해서 북한이 선택한 것은 바로 핵무기 개발이었다. 핵무기만 있으면 제아무리 미국이라 해도 북한을 함부로 건드리지 못할 것이라 생각했다. 세계의 눈과 귀를 한반도로 쏠리게 한 북한 핵 문제는 이렇게 해서 생겨났다. 물론 이러한 행동은 민족의 운명을 걸고 하는 아주 위험한 도박이다.

그런데 이 무렵부터 북한은 엎친 데 덮친 격으로 심각한 경제난에 빠지게 되었다. 사회주의 체제가 붕괴하면서 도와줄 나라는 거의 남아 있지 않은데 하늘마저 북한을 돕지 않았다. 1990년대 중반 들어 가뭄과 홍수가 번갈아 계속되어 사람들 먹을 식량이 떨어졌다. 게다가 1994년에는 그동안 북한을 이끌던 김일성 주석이 사망하면서 위기의식이 더욱 고조되었다.

북한 주민들은 김일성이 만주에서 항일 유격 투쟁을 할 때와 같은 정신으로 무장하고 허리띠를 더욱더 졸라맸다. 위기를 벗어나려는 이때의 집단적인 노력을 북한에서는 '고난의 행군'이라고 부른다. 그 노력 덕분인지 1998년에는 사정이 조금 나아졌다. 바로 그때 김일성 주석을 대신하여 김정일 국방위원장이 공식적으로 권력을 계승하고 나섰다.

북한의 어제와 오늘

▶ 천리마 운동을 선전하는 포스터
천리마는 하루에 천 리를 달린다는 전설 속의 말이다. 천리마 운동이란 천리마를 탄 것처럼 생산성을 획기적으로 높이자는 운동이다.

▲ 대포동 미사일
북한은 1990년대 초 동유럽 사회주의 체제가 무너지자 국가 안보를 스스로 지키기 위해 본격적으로 미사일과 핵 개발에 착수했다.

▲ 기아 상태의 어린이
사회주의 체제의 붕괴로 국제 사회에서 고립된 북한은 심각한 궁핍 상태를 겪고 있다.

▶ 북한의 '다락밭'
작물 수확을 늘리기 위해 산을 개간하느라 산림이 대거 사라졌다.

203

사회주의 실험의 역사 – 중국과 소련에서는

　　북한의 우방인 사회주의 국가들이 무너지지 않았다면 북한이 이렇게까지 어려움을 겪지는 않았을 것이다. 그렇다면 소련과 동유럽의 사회주의 체제는 어쩌다 그렇게 한꺼번에 무너졌을까? 그리고 중국은 이 위기에서 어떤 길을 선택했을까? 눈을 돌려 동화 속의 얼음 궁전 같은 크렘린으로 가 보자.

　　레닌은 1917년에 러시아에서 사회주의 혁명을 성공시킨 지도자였다. 그는 1990년 이전까지 전 세계 39퍼센트에 해당하는 인구가 가장 존경하는 사람이었다. 1924년 레닌이 죽었을 때 어머니 곁에 묻어 달라는 그의 유언과 달리 그의 시신은 방부 처리되어 모스크바의 붉은 광장에 안치되었고, 지금도 그 자리에 있다.

　　그러나 지금 그의 동상은 철거되었고 붉은 광장에 안치된 주검도 이제 그만 땅에 묻어야 한다는 말이 나오고 있다. 과연 무엇이 달라졌기에 죽은 위인을 대하는 태도가 이렇게 변했을까? 이제 소련을 중심으로 사회주의의 짧은 역사를 돌아보자.

　　레닌은 1917년 러시아에서, 계급 없이 모두가 평등한 세상을 만들자는 구호를 내세워 사회주의 혁명을 성공시켰다. 또 레닌이 이끌던 소련은 조선과 같은 식민지 나라들의 반제국주의 투쟁을 여러 면으로 지원했다. 정말 제국주의 국가의 간담을 서늘하게 하는 행동들이었다.

　　그러나 모두가 평등한 세상을 만들기란 그리 쉽지 않았다. 레닌이 죽고 스탈린(1879~1953)이 정권을 잡자

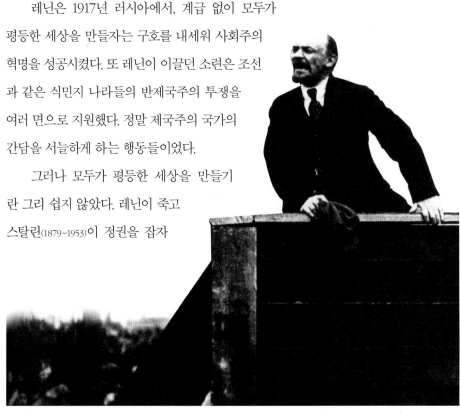

▲ 대중에게 연설하는 레닌

소련의 많은 문제점이 드러났다. 스탈린은 국민의 자유를 인정하지 않았다. 반대파를 비밀리에 제거하기도 했고, 국민에게 자신을 신처럼 숭배하게 하는 잘못도 저질렀다. 그런가 하면 공산당 간부들은 특권을 이용해서 불법적으로 재산을 모았다. 이렇게 해서 평등을 꿈꾸며 탄생한 세상에 다시 불평등이 자라났다.

그러나 소련은 제2차 세계 대전에 연합국으로 참여하면서 영향력을 키웠다. 제2차 세계 대전이 끝난 후 소련의 도움을 받은 동독, 유고슬라비아, 헝가리 등 동유럽 여러 나라가 사회주의 국가가 되었다. 북한도 이때 소련의 영향으로 사회주의 혁명을 성공시켰다.

1949년 세계에서 가장 인구가 많은 중국이 사회주의 국가가 되면서부터 세계는 확실하게 두 편으로 갈라졌다. 미국을 중심으로 한 자본주의 진영과 소련을 중심으로 한 사회주의 진영의 대결이 시작된 것이다. 1947년부터 시작된 냉전은 1950년 6·25 전쟁, 1960년대의 베트남 전쟁으로 뜨겁게 터져 나오기도 했다.

▲ 다시 등장한 제정 러시아의 삼색기
1991년 소련이 해체되고 15개의 새로운 나라가 탄생했다. 사람들은 망치와 낫이 그려진 소련 국기 대신 옛 제정 러시아의 삼색기를 흔들며 변화에 환호했다.

이런 팽팽한 냉전이 변화하게 된 계기는 소련 지도자 스탈린의 죽음이었다. 1953년 스탈린이 죽자 그의 잘못된 정책에 대한 반성이 시작되었다. 개인숭배를 강요한 것에 대한 비판이 쏟아졌다. 또 미국을 비롯한 제국주의 국가들과도 평화롭게 지낼 수 있다는 주장까지 나왔다. 이 주장은 곧바로 중국의 비판을 받았다. 사회주의 종주국인 소련에 중국이 반기를 든 것이다. 제국주의 국가들과 평화롭게 지내자는 주장은 그들의 죄를 용서하는 것이라고 말이다. 또한 '제국주의 타도'라는 중요한 원칙을 수정했다면서 소련을 '수정주의'라고 공격했다. 이에 소련은 중국이 변화된 상황을 보지 못하고 맹목적으로 원칙만 주장한다면서 '교조주의'라고 맞받아쳤다.

이렇게 사회주의의 가장 강한 두 국가가 싸우고 있을 때, 미국은 이 틈새를 이용

● 사회주의와 공산주의
공산주의는 사회주의가 더 고도로 발전한 단계다. 그렇지만 일반적으로 두 용어는 구별 없이 같은 뜻으로 쓰인다.

했다. 미국은 1969년에 닉슨 선언을 통해 베트남 철수를 선언하고 소련과 사이가 안 좋은 중국에 접근했다. 중국도 소련을 견제하기 위해 미국과 덥석 손을 잡았다. 이렇게 해서 20년 넘게 얼어 있던 두 세계 간의 얼음벽이 서서히 녹아내리기 시작했다.

특히 중국은 마오쩌둥이 죽고 덩샤오핑이 권력을 잡으면서 과감한 변신을 꾀했다. 실용주의 노선, 즉 국민을 잘살게 할 수 있다면 자본주의도 받아들일 수 있다고 선언하고 자본주의의 장점을 골라서 흡수하기 시작했다. 뒤이어 소련의 사회주의도 변하기 시작했다. 1985년 고르바초프가 개혁의 주역을 맡았다. 그러나 소련은 너무 급격히 개혁을 시도하다가 체제 자체가 무너지고 말았다.

소련과 중국은 경제 체제를 자본주의적으로 개조하면서 자본주의 국가들과의 교류를 적극적으로 추진했다. 그 과정에서 남한과도 각각 수교를 했다. 소련은 붕괴되어 15개 국가로 나뉘었고, 이들은 자본주의 국가들로 변신했다. 중국은 아직도 공산당이 집권하고 있지만 자본주의 경제를 받아들이고 있다. 모두가 평등한 세상을 만들겠다던 원래의 목표로부터 점점 멀어지고 있는 것이다.

이렇게 세계 사회주의 국가들이 1990년을 전후해서 급격하게 변화하면서 북한은 국제적으로 혼자 남게 되었다. 소련과 중국이 자본주의 체제를 지향하면서 남한과 국교를 수립하자 북한의 어려움은 커져 갔다. 즉, 현재 북한의 위기를 부른 원인 가운데 하나는 사회주의 체제의 실패라고 볼 수 있다. 이런 어려움 속에서 북한이 어떤 선택을 하는지 지켜보자.

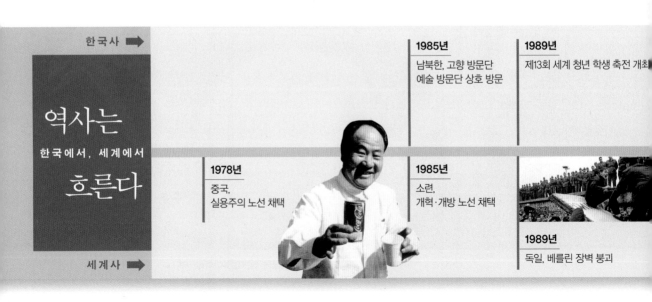

한국사 ➡

역사는
한국에서, 세계에서
흐른다

세계사 ➡

1985년
남북한, 고향 방문단
예술 방문단 상호 방문

1989년
제13회 세계 청년 학생 축전 개최

1978년
중국,
실용주의 노선 채택

1985년
소련,
개혁·개방 노선 채택

1989년
독일, 베를린 장벽 붕괴

● 1989년 민주화 운동이 벌어진 중국 베이징의 톈안먼(천안문) 광장

民共和国万岁

世界人民大团结

1991년
남북한, 유엔 동시 가입
「남북 기본 합의서」 채택

1994년
김일성 주석 사망
북·미 제네바 회담

1998년
북한, 장거리 미사일 발사
김정일 국방위원장 체제 출범

2000년
남북 정상 회담, 6·15 남북 공동 선언

2006년
북한, 핵 실험

1990년
독일 통일

1991년
소련, 연방 해체
독립 국가 연합 탄생

현대 역사의 주역들_ 1970년대의 세계 지도

자본주의 세계를 이끌고 간 미국

　미국은 자유를 찾아온 사람들이 세운 나라다. 맨 처음에는 새로운 크리스트교를 믿는 청교도들이 종교의 자유를 찾아 대서양을 건너왔다. 이들은 독립 전쟁으로 낡은 왕정과 안녕을 고하고 국민의 권리를 제일로 하는 민주주의 헌법을 만들었다. 제2차 세계 대전 때는 유럽의 살벌한 전체주의를 벗어나 자유를 찾는 사람들이 다시 한번 대서양을 건너왔다.

　어느덧 미국은 세계에서 가장 부강한 나라, 가장 힘센 나라가 되었다. 미국의 자유주의는 많은 나라의 정치 원칙이 되었다. 그러나 이 세계는 미국의 패권주의 아래에서 부자유를 느끼고 있다.

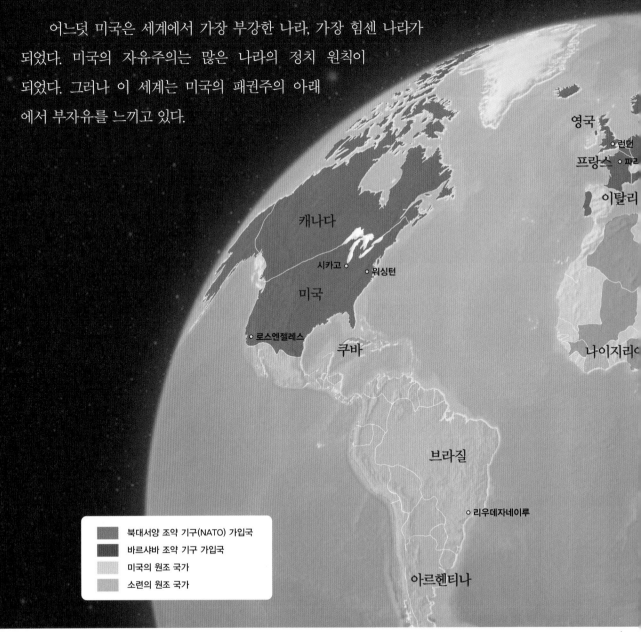

영국
　　런던
프랑스 　파리
이탈리
캐나다
시카고 ○ 　○ 워싱턴
미국
나이지리아
○ 로스엔젤레스
쿠바
브라질
○ 리우데자네이루
북대서양 조약 기구(NATO) 가입국
바르샤바 조약 기구 가입국
미국의 원조 국가
소련의 원조 국가
아르헨티나

사회주의 세계를 이끌고 간 소련

제2차 세계 대전 당시 소련에서는 전 국민의 10퍼센트가 넘는 2,000만 명이 독일의 침략에 목숨을 잃었다. 이제 소련에게 국가 안보보다 큰 문제는 없었다. 장차 위협이 될 만한 나라는 먼저 공격하는 한이 있더라도 화근을 제거해야 했다.

제2차 세계 대전 후 소련은 주변 지역을 합병하고 동유럽 여러 나라를 위성 국가로 만들었다. 그러나 여기에는 부작용도 있었다. 엄청난 세력을 과시하는 소련에 맞서 자본주의 국가들이 하나로 단결하기 시작한 것이다.

○ 모스크바

소련

○ 바그다드

○ 카이로

집트

이란

○ 뉴델리

인도

중국

○ 베이징

대한민국

○ 도쿄

일본

○ 홍콩

○ 싱가포르

인도네시아

○ 자카르타

요하네스버그

아프리카 공화국

오스트레일리아

○ 멜버른

역사 여행을 끝마치며

지금까지 돌을 깨뜨려 사냥을 다니던 아기 인류가 성장하여 현대 문명을 이룩하기까지 어떤 과정을 거쳤는지 알아보았다. 이제 마지막으로 지금 여기 우리가 살고 있는 세상의 이야기를 하면서 긴 역사 여행을 끝마치려 한다.

왼쪽 사진은 시드니 올림픽에서 남과 북의 선수들이 함께 입장하는 모습이다. 기수단이 들고 가는 깃발은 태극기도, 인공기도 아닌 한반도기다. 이 장면을 보면서 우리 민족은 가슴이 뭉클했다. 또 온 세계는 남북이 하나의 민족이며 곧 통일이 되어야 한다는 사실을 다시 확인했다.

여기서 질문을 던져 본다. 남북한은 왜 통일되어야 할까? 같은 민족이니까? 맞는 말이다. 그러나 그 때문만은 아니다. 같은 민족이라고 꼭 하나의 국가를 만들어야 한다는 법은 없다.

남북이 통일되어야 하는 진짜 이유는 인간답게 살기 위해서다. 분단된 상태에서는 인간답게 살 수가 없기 때문이다. 이산가족의 슬픔을 생각해 보자. 부모와 자식이 만나지 못하고 70여 년의 세월이 흘렀다. 더 가슴 아픈 것은 부모님이 살아 계시는지 돌아가셨는지도 모르고 있다는 사실이다. 그리고 분단은 전쟁을 불러일으켰다. 6·25 전쟁은 분단 때문에 생긴 비극이었다. 같은 민족에게 다시는 총부리를 겨누지 않기 위해 우리는 반드시 통일을 이룩해야 한다.

6·25 전쟁은 우리 민족만의 문제가 아니었다. 남한을 돕기 위해 16개국으로 구성된 유엔군이 참전했고, 북한을 돕기 위해 중국 군대가 피를 흘렸다. 아직도 세계에서 가장 전쟁의 위험이 큰 곳 가운데 하나로 꼽히는 곳이 바로 이 땅, 한반도다. 따라서 남북통일은 세계의 평화가 걸린 문제다. 전쟁이 없어도 인간의 삶은 험난하다. 하물며 전쟁을 겪으면서 인간답게 살기란 불가능하다.

6·25 전쟁이 끝난 뒤에도 남북한은 서로를 미워하면서 전쟁에 대비하느라고 많은 돈을 써야 했다. 무기를 구입하는 데 쓴 돈을 국가 경제에 투자했다면 남북한의 경제는 지금보다 훨씬 더 좋아졌을 것이 분명하다. 남북한의 경제 발전을 위해서도 통일은 필수 과제다.

분단 탓에 사라져 버린 자유를 되찾기 위해서도 남북통일은 반드시 이루어져야 한다.

역사적인 남북한 정상의 만남(2000.6.13.) ▶
남북한의 국가 원수들이 만나 서로 대등한 자격으로 정상 회담을 한다는 것은 서로가 서로를 인정하고 존중함을 뜻한다. 그동안 남북한은 서로 자신만의 정통성을 주장하며 상대를 인정하지 않았기에 정상 회담이 이뤄지지 못했다.

◀ **남한 적십자사의 대북 비료 지원**
이념을 떠나서 남한과 북한이 서로 같은 민족이라는 인식이 확산되면서 인도주의적 차원의 대북 지원과 남북한 교류가 늘어 가고 있다.

남한에서 군부 독재가 30여 년간 지속되고 북한에서 3대 세습이 이루어진 것도 분단이 가져온 크나큰 피해다. 남과 북에서 지배층은 분단을 핑계로 반대 세력을 제거했다. 지배층에 비판적인 사람들은 모두 간첩으로 몰아서 죽였다. 이런 구시대적인 일이 더는 일어나지 않기 위해서는 남북이 하나가 되어야 한다.

이처럼 남과 북이 통일되지 않고서는 인간다운 삶을 살 수가 없다. 통일이 되면 찾아올지 모르는 혼란을 걱정하는 사람들이 있을 수 있다. 못사는 북한 사람들이 남한에 와서 우글거리면 남한까지 같이 망할 것이라 걱정하면서 말이다. 물론 통일이 되면 우리보다 가난한 북한을 돕기 위해 세금을 더 많이 내야 하므로 잠깐은 조금 더 힘들 수도 있다. 그러나 분단 때문에 우리가 겪어야 했던 고통에 비하면 아무것도 아니다.

우리는 전쟁으로 수백만의 목숨을 잃었고, 그러고 나서도 무기를 사기 위해 엄청난 돈을 써야 했다. 통일되지 않는다면 앞으로도 계속 전쟁을 준비하면서 돈을 써야 한다. 여기에 들어가는 돈은 모두 사람을 죽이기 위해서 쓰는 돈이다. 하지만 통일이 되어 북한 사람을 돕기 위해 쓰는 돈은 정말 가치 있지 않을까? 다른 나라의 가난한 사람들을 돕듯 북한의 가난한 사람들이 행복하게 살 수 있도록 도와주는 일은 정말 소중하다. 따라서 돈이 아까워서 통일을 꺼리는 것은 하나만 알고 둘은 모르는 생각이다.

이상에서 살펴보았듯이 통일이 되지 않으면 우리는 지금 이 땅에서 인간답게 살 수 없다. 그러므로 우리는 통일을 이루어야 한다. 그런데 통일만으로 우리가 직면한 문제가 해결될까? 절대 그렇지 않다. 통일이 지금의 고통을 덜어 줄 수는 있겠지만 완전히 해결할 수는 없다. 그렇다

▶ 외국인 노동자
한국의 산업을 이끄는 중요한 노동 계층인 외국인 노동자들은
한국인에 비해 상대적으로 낮은 임금, 법률적 차별, 언어 장벽
등으로 고통받고 있다.

면 우리가, 나아가 세계가 직면한 가장 큰 문제가 무엇인가? 이제 이 문제에 대해 생각해 보자.

제2차 세계 대전이 끝나고 세계 자본주의 경제는 유례없는 호황을 맞이했다. 1929년 발생한 대공황을 극복하기 위해 미국은 국가가 경제에 직접 개입하는 뉴딜 정책을 펼쳤고, 1945년 이후 다른 국가들도 이러한 수정 자본주의를 본받았다. 그 결과 세계 자본주의는 다시 한번 도약할 수 있었다.

미국이 주도한 세계 자본주의 경제는 1960년대 후반부터 점차 나빠지기 시작해 1970년대 두 차례의 석유 파동을 겪으며 완전한 침체에 빠지게 되었다. 1960년대 후반에 투자한 자본이 벌어들이는 이익, 즉 이윤이 줄어들기 시작한 것이다. 그래서 자본을 가진 사람들은 공장을 짓지 않고 돈을 벌 수 있는 다른 방법을 찾기 시작했다. 그래서 찾아낸 방법이 주식을 사고파는 것이었다. 공장을 직접 짓는 것보다 주식을 사고파는 것이 위험이 낮고 돈은 더 많이 버는 방법이라고 여겨졌다. 위험한 상황이 닥칠 것 같으면 언제든지 주식을 팔아 치울 수 있기 때문이다.

그러나 주식 투자에도 결정적인 문제가 있었다. 위험이 닥치면 주식을 산 사람은 누구나 주식을 처분하려 한다. 혹시 이런 일이 현실에서 나타난다면 어떤 결과를 낳을까? 이에 대한 대답은 먼 곳에서 찾을 필요가 없다. 1997년 우리나라의 외환 위기 때 주식 투자의 문제점이 현실로 나타났기 때문이다. 1997년 800대였던 한국 종합 주가 지수(코스피 지수)는 300대로 급락했다.

물론 한국의 정부와 재벌들의 잘못도 컸다. 한국 정부는 부실기업에 대한 구조 조정을 하지 않았고, 재벌들은 기술 혁신은 외면하고 몸집만 키우려고 했다. 그러나 주식을 샀다가 위험하면 팔고 빠지는 투기 자본도 외환 위기의 중요한 원인이었다. 투기 자본가들은 한국 경제가 위험하다고

▲ 한·미 자유 무역 협정에 반대하는 시위행진

◀ 신자유주의 무역 협정에 반대하는 시위행진

판단하자 한꺼번에 주식을 팔아 치우고 빠져나갔다. 만약 공장을 세웠다면 그런 일은 불가능했을 것이다.

이렇게 투기 자본이 세계를 떠돌아다니는 것은 전혀 바람직하지 않은 현상이다. 오늘날을 일러 '세계화 시대'라고 하는데, 이 시대에 가장 많은 혜택을 누리고 있는 것이 투기 자본이다. 그리고 이 투기 자본의 이익을 대변하는 사상이 바로 신자유주의이다.

신자유주의는 투기 자본에 개별 국가의 국경을 넘어 온 세계를 넘나들 수 있는 자유를 제공한다. 개별 국가가 이들의 활동을 방해하는 것은 1970년대 같은 세계적 경기 침체를 가져오기 때문에 바람직하지 않다고 주장한다.

결국 국제적 투기 자본이 판치는 신자유주의가 출현한 근본 원인은 공장을 세웠을 때 벌 수 있는 이윤이 적어졌기 때문이다. 이에 대한 근본적이고 확실한 대책은 획기적인 기술 진보를 통한 또 한 번의 산업 혁명이다.

1990년대에 미국에서 출현한 '신경제'는 정보 통신 기술의 혁명에 기반을 뒀다고 말하곤 했다. 그러나 2000년대 초 들어 그러한 정보 통신 기술의 발전이 혁명이 아니었음이 판명되었다. 정보 통신 기술의 거품이 꺼지면서 세계 경제는 다시 침체에 빠져들었다. 이때 투기 자본이 새로운 투기 기술을 개발했다. 주택을 담보로 한 증권을 기초로 투기 상품을 만들었고, 온 세계에 팔기 시작한 것이다. 그런데 우량한 담보 증권과 불량한 담보 증권을 마구 섞은 이 투기 상품은 결국 문제를 일으키면서 온 세계를 파멸로 몰고 갔다.

문제는 이 투기 자본이 저질러 놓은 문제들을 해결하기 위해 온 세계의 국가가 나서서 돈을 써

▲ 유로화 출범을 축하하는 대형 장식(프랑스)
프랑스 농가에 설치된 유로화 모양의 대형 장식.
유로화 체제 출범으로 이 밭에서 나오는 작물을
유럽 연합의 어느 지역에서나 자유롭게 사고팔 수
있게 됨을 축하하고 있다.

야 했다는 것이다. 마치 1997년 우리나라 외환 위기 때 그랬듯이 말이다. 이처럼 투기 자본 때문에 온 세계가 고통을 겪었다. 투기 자본이 돈을 벌면 투기 자본이 그대로 가져가고, 투기 자본으로 인해 문제가 발생하면 국가가 세금을 쓰면서 해결해야 했기 때문이다.

이렇게 국가가 문제 해결을 위해 너무 많은 돈을 쓰면서 전 세계적으로 물가가 오르는 현상이 나타났다. 이 현상을 해결하기 위해서는 이자를 올릴 수밖에 없었는데, 그 과정에서 경제가 위축되어 공장이 파산하고 실업자가 늘어나는 등의 또 다른 문제가 파생되었다. 가장 큰 문제는 힘없는 약자들에게 피해가 돌아간다는 점이다.

지금의 투기 자본 주도의 세계화가 가진 문제점은 모든 사람이 인간답게 살 수 있는 권리를 보장해 주지 않는다는 것이다. 빈부 격차가 커지면서 가난한 사람의 생존 기반이 무너지고 있다. 그리고 투기 자본은 이윤을 좇아 후진국에 진출하면서 그곳의 환경을 파괴하고 있다. 여성이나 이민 노동자 같은 사회적 약자에 대한 배려가 있을 리도 없다.

그중에서도 가장 심각한 문제는 전쟁의 위협이다. 1990년대 이후 비록 자본주의와 사회주의의 이념 대립은 사라졌지만, 동유럽과 중동에서 볼 수 있듯이 지역적 차원의 전쟁이 일어날 가능성은 여전히 크다. 미국은 자신들이 주도하는 세계화에 소극적인 국가들을 상대로 전쟁까지 하며 자신의 체제를 따르도록 강요하고 있다. 우리의 반쪽인 북한을 생각할 때 이는 결코 남의 일이 아니다.

한편 1970년대 베트남 전쟁의 사실상 패배, 달러 가치의 폭락 등으로 세계 자본주의를 이끌어 온 미국의 지위가 크게 흔들렸다. 그러자 여러 말이 나왔다. 이제 일본이 미국을 대신하여 세계

215
한국사 시간에 세계사 공부하기

▲ 미국 뉴욕의 도심을 강타한 9·11 테러(2001)

최강국의 자리를 차지할 것으로 예측하기도 했다. 그러나 일본은 1990년대 이후 '잃어버린 30년'으로 장기 침체에 빠졌다. 이제 아무도 일본이 미국을 대체하여 세계 최강국이 될 것이라고 말하지도 믿지도 않는다.

그러자 일본이 아닌 중국의 성장에 주목하면서 중국이 그 자리를 차지할 것이라고 예상하는 사람들이 차츰 늘어나고 있다. 중국은 2001년 세계 무역 기구에 가입한 이후 획기적으로 경제가 발전하였고, 이제는 미국과 더불어 세계의 주도권을 갖고 다툴 정도가 되었다. 하지만 중국도 많은 문제점이 나타나고 있다.

지금의 중국은 마치 1970년대 박정희 정권을 연상시킨다. 공산당이 정치를 독점하고 있어 국민의 자유는 억압되었고, 시진핑은 장기 집권을 하며 독재자가 되었다. 이제까지는 경제적 발전과 성공을 내세워 국민들의 불만을 잠재울 수 있었지만 언제까지 가능할지 지켜볼 일이다.

그리고 경제 성장 과정에서 노동자, 농민이 정당한 대가를 받지 못하고 있다는 점, 농촌과 도시 간 격차가 있다는 점도 문제이다. 이제까지의 부동산 개발과 저임금 노동으로 대표되는 양적 성장의 한계를 기술 개발을 통한 질적 성장으로 바꿔 나가야 하는데 미국의 강력한 견제를 뚫고서 성공할 수 있을지도 관심사다.

일본의 침몰과 중국의 부상으로 대표되는 동아시아 질서에서 한국 자본주의 위상은 어느 정도일까? 최근에 한국은 세계 평균 성장률에도 미치지 못하는 2%대의 낮은 성장을 지속하고 있다. '한강의 기적'은 먼 옛날의 이야기일 뿐이다. 세계 자본주의 체제의 위기 속에서 꼴찌에 가까운 성적표의 한국 경제 전망은 밝지 못하다. 물론 민족의 생명을 담보로 핵 개발에 매달리고 있는 북한

▲ 전쟁 폐허가 된 이라크

◀ 미국의 대 이라크 전쟁을 반대하는 시위행진

의 미래는 더더욱 암담할 뿐이다.

　북한은 2018년 남북 대화를 시작으로 미국과의 담판을 통해 핵 문제를 해결하여 국제적 고립과 경제 제재에서 벗어나려고 했다. 그러나 이러한 시도는 실패했고, 국제적 고립은 계속되고 있다. 최근 들어 미국과 중국·러시아의 대결로 '신냉전'이 전개되자 북한은 이를 적극적으로 활용하고 있다. 그러나 중국과 러시아의 앞날이 불투명한 상황에서 북한이 미국과 대결하면서 경제 재건에 성공할 수 있을지는 지켜보아야 할 것이다.

　오랜 기간 숙명적으로 경쟁해 온 한·중·일 동아시아 3국은 과연 흔들리는 미국을 대신해 세계 자본주의를 이끌고 나갈 새로운 지도 국가로 부상할 수 있을까? 아니면 세계 자본주의 체제의 위기를 부채질하면서 몰락의 길로 접어들까? 우리가 살고 있는 지금 이 시기는 1930년대 대공황 이후 다시 큰 갈림길에 서 있다. 경기 침체로 인한 양극화와 그에 따른 극단적 대결은 우리나라만의 문제가 아니라 미국과 유럽을 비롯한 전 세계적 현상이다. 우리는 매우 불확실한 세상에서 살고 있다.

　우리가 원하는 사회는 전쟁이 없고, 빈부의 차이가 적고, 여성이나 이민 노동자 같은 사회적 약자에 대한 차별이 없고, 쾌적한 환경이 보존되는 사회다. 분단 현실은 그런 사회를 건설하는 데 장애가 되어 왔다. 지금의 세계화가 나아가는 방향도 이런 사회와 거리가 멀다.

　우리가 이 책에서 인류의 역사를 배웠듯 언젠가 먼 후세의 사람들은 오늘날 우리가 만들어 놓은 역사를 배울 것이다. 과연 우리는 후대에 어떤 역사를 남겨 줄 것인가? 이제 우리 모두 주인공이 되어 우리가 원하는 역사를 새로 만들어 낼 때다.

찾아보기

사진 및 그림 자료 출처

3.1 운동사, 국학자료원, 2004
광주학생독립운동의 주역들, 고려원, 2001
도록 윤봉길 의사, 매헌 윤봉길 의사 의거 제60주년 기념사업추진위원회, 1992
라이벌 세계사, 그린비, 2006
마하트마 간디, 동아일보사, 2003
바람의 고향, 초원의 말발굽, 조선일보사, 1993
불교미술기행, 이가서, 2005
살아 있는 세계사 교과서, 휴머니스트, 2005
엽서로 보는 근대 이야기, 서울 시립대학교 박물관, 2003
영화 포스터로 보는 50~60년대 흘러간 명화, 도전과성취, 2002
이슬람 문명, 창비, 2002
이야기 독일사, 청아, 2006
이야기 인도사, 청아, 1998
타임라이프 세계사, 가람기획, 2006
What Life Was Like 사무라이와 쇼군의 후예들, 가람기획, 2005
What Life Was Like 용의 나라, 가람기획, 2004
What Life Was Like 나일 강의 사람들, 가람기획, 2004
한국사 탐험대, 웅진주니어, 2006
홍주의병실록, 홍주의병유족회, 1986
황룡사, 세계의 중심을 꿈꾸다, 수막새, 2003

Art and Propaganda, H.N.Abrams, 1997
The Bayeux tapestry : the complete tapestry in color, Knope, 1985
Britain Since 1700, Longman Secondary Histories, 1985
The Cambridge Illustrated History of China, Cambridge University Press, 1996
Cathedrals and Castles : Building in the Middle Ages, H.N.Abrams, 1995
China, Empire of Living Symbols, Reading, 1991
Daumier, Poplar, 1981
Gandhi, the Power of Pacifism, H.N.Abrams, 1996
History of the World : the Last Five Hundred Years, Bonanza, 1984
Indigenous Races of the Earth, J.B. Lippincott & Co., 1857
Korean War Almanac, Facts on File, 1990
London, a Short History, Phoenix, 2004
Luddite, Tinsin Imprint, 1985
Le Papier : Une Aventure au Quotidien, Gallimard, 1999
The Pyramids and Sphinx, Newsweek, inc., 1971
The Story of Architecture, Dorling Lundersley, 2000
The Story of Writing, Thames & Hudson, 2003
Treasures of the Pharaohs, Duncan Baird Publishers, 2004
The Tres Riches Heures of Jean, Duke of Berry / Musee Conde, George Braziller, 1989
Versailles, Strolling through the royal estate, D'art Lys, 1990
Western Civilizations, Their History and Their Culture, W.W Norton, 1988
중국역사십일강, 산동화보출판사, 2004
China Revealed: The West Encounters the Celestial Empire, White Star, 2003
둔황석굴의 진품, 광휘출판사유한공사
도설 중국적 문명, 상무인서관(향항)유한공사
중화민족신생적진통, 상해사위출판사
섬서역사박물관, 섬서여유출판사

연합포토, 웅진닷컴 포인스, 게티이미지뱅크, Library of Congress Prints and Photographs Division.
New York World-Telegram and the Sun Newspaper Photograph Collection, 경기도립박물관, 경주국립박물관, 국립민속박물관, 국립중앙박물관
국립청주박물관, 국학자료원, 목포자연사박물관, 서울시립대박물관, 서울역사박물관, 전쟁기념관 전쟁역사실, 호암미술관, 일본 류코쿠대학도서관
파키스탄라호르 박물관(부처 고행상), 김진아, 유상진, 서유경, 윤동진, 최웅규

※ 웅진주니어는 이 책에 실린 모든 자료의 출처를 찾기 위해 최선을 다했습니다. 누락이나 착오가 있으면 다음 쇄를 찍을 때 꼭 수정하겠습니다.